# 企业干部核心技能管理训练

李曙军　张舵　吴丽娜◎著

中国纺织出版社

**图书在版编目（CIP）数据**

企业干部核心技能管理训练 / 李曙军, 张舵, 吴丽娜著. –– 北京 : 中国纺织出版社 , 2018.11

ISBN 978-7-5180-5730-6

Ⅰ . ①企… Ⅱ . ①李… ②张… ③吴… Ⅲ . ①企业领导学 Ⅳ . ① F272.91

中国版本图书馆 CIP 数据核字 (2018) 第 270072 号

责任编辑：李　杨　　　　　　　　　　　　　责任印制：储志伟

中国纺织出版社出版发行

地　　　址：北京市朝阳区百子湾东里 A407 号楼　　　邮政编码：100124

销售电话：010-67004422　　　传真：010-87155801

http://www.c-textilep.com

E-mail：faxing@c-textilep.com

中国纺织出版社天猫旗舰店

官方微博 http://weibo.com/2119887771

北京虎彩文化传播有限公司印刷　　　各地新华书店经销

2018 年 11 月第 1 版第 1 次印刷

开　　本：880mm × 1230mm　　1/16　　印张：10

字　　数：150 千字　　定价：36.00 元

# 目　录

# 引言

　　生产力是人类诸多因素中最活跃的因素，是管理的主体。管理是科学技术因素中最活跃的因素。任何体制，只有通过管理，才能运转；任何机制，只有通过管理，才能实现。各级领导干部是各个部门的管理者。各种社会管理活动的效果，在很大程度上取决于领导干部这个管理主体。多年的社会实践和研究结果表明，每个组织中个人的努力只有加上管理者有效管理，才能在组织中发挥出实际能力。所以，管理的问题是管理主体的问题。管理水平的高低取决于管理者自身素质的高低。在新形势下，要提高领导干部的管理水平，就要努力提高领导干部的自身素质。提高管理水平的过程在某种意义上讲实际提高自身素质的过程。

# 第一章　管理者的价值与作用

## 第一节　管理的意义

管理是人类共同劳动的产物。在人类历史上，很少有什么事比管理的出现和发展更为迅猛，对人类具有更重大的影响。现代管理理论普遍认为，管理也是生产力，并且是生产力中最重要的要素之一。劳动者、劳动对象、劳动工具，包括科学技术等生产力，在未有机结合之时，仅仅是一种潜在的生产力，只有通过管理把生产力要素合理地结合成一个有机整体，才可能形成现实生产力。所以，人们可以发现这样的事实：当今发展中国家之所以落后，关键是管理落后；一个国家、一家企业拥有科学技术和知识，但要形成强大的生产力，还要看如何运用先进的管理理念和管理手段，从而把科学技术和知识转化为生产力。管理使潜在生产力转换为现实生产力，并由此使管理本身转化为现实生产力。

### 一、三只眼睛看管理

自从人类出现，就有了管理活动，但是要回答什么是"管理"，人们从不同的角度出发，有着不同的理解。在现实生活中，人们对"管理"一词，往往感到既熟悉又陌生、既不言而喻又神秘莫测，犹如盲人摸象，存在很多似是而非的理解。

#### （一）中国人眼中的管理

中国传统文化没有对"管理"一词的规范定义。在古文解释中，"管"原意是指锁钥，引申为管辖、管制之意；"理"的本意是治玉，引申为整理、处理之意。"管""理"二字连用，即表示在权力的范围内，对事物的管束、整治、处理过程。在《说文解字》中，"管"的本意是"如篪，六孔，十二月之音，物开地牙"，即"管"是一种长约一尺，有六孔，形似笛子状的乐器。演奏者将气流吹入细管之中，通过控制六孔来奏出和谐之音。随着文字的演化，"管"这一名词转化为动词，意义则更为丰富，从对于这种气流的控制逐渐引申到对于另一些事物的约束和控制上，于是，就有了"管辖""管制"之意，如司马迁的《史记·范雎列传》中"李兑管赵，囚主父于沙丘"，《晋书·凉武昭王传》中"又敦煌郡大众殷，制御西域，管辖万里，为军国之本"。但是无论如何演变，"管"始终倾向于对于事物的消极约束与控制，强调通过强制力量规范受动者的行为。"理"的本义是"加工雕琢玉石"，《说文解字》中说："理，治玉也。顺玉之文而剖析之。"未经雕琢的玉石只能叫作璞，算不得是宝贝，而一块玉石，经过巧手工匠的精心雕琢，就可以变成令众人钦慕的稀世之宝。后"理"逐渐被引申出"整理""治理"等多个含义，也就是发现事物的规律，帮助事物顺应客观规律的发展，使其更加完美，如《吕氏春秋·劝学》中"圣人之所在，则天下理焉"。因此，"理"是通过发现事物本身的规律，采取积极的行动去促进事物向好的方向转化。

从古汉语的释意来看，"管"要求施动者有一颗公正之心，大事小事，都要从有利于目标利益的角度出发实施管控，这可以理解为组织的目标。其次，要管得好，有说服力，就必须要有一些工具，这些工具就是制度。有了制度，就有了标准，凡事就立了规矩。最后，要"管"得好，就要准确了解事情的原委、来龙去脉，管理者要俯下身去，掌握第一手的材料，才有发言权。如果说"管"使下属带着几分压力去工作，那么"理"就是要营造一个轻松、愉快、积极的工作氛围，提供工作方面的指导，提供业务上的帮助，使他们更加胜任当前的工作，积极促进他们的成长。

## （二）西方人眼中的管理

在西方，"管理"一词的英文是"manage"，原意是"训练和驾驭马匹"，并拓展出 Management——工商管理，Administration——行政管理等。管理作为工业生产过程中的一个重要的独立发挥作用的功能要素，是随着工业革命的进程得以确立的。工业革命之前的生产，组织形式基本上是家庭生产制度，生产要素非常简单，土地和劳动力是基本的生产要素。就最普遍的意义上来讲，这一时期没有出现广泛的生产者与生产手段之间的分离，因而也没有产生因生产者和生产手段之间的分离而带来的控制、协调等管理内容。

对管理功能的发现得益于工业革命所带来的大规模组织的经营管理要求。工业革命带来了大规模的生产，工厂制度逐步取代家庭生产制度，随之而来的是如何管理大规模组织的现实问题。这些问题概括起来，包括生产过程中如何进行组织设计和工作设计以便将技术、材料和生产过程有机结合，如何激励和控制工人行为等人事问题，以及将上述两个方面加以整合以实现生产目标的管理问题，这需要建立一定的制度来调节，需要建立规章、标准和程序来掌握整个生产过程。工业革命带来的复杂的工厂生产制度改变了人们对生产要素的传统认识，如经济学家爱德华·阿特金森通过对工厂管理的观察注意到："在同一个地点、同一个时间，使用相似的机器，不同的管理会改变生产的结果。"法国经济学家让·萨伊更直接指出，企业家通过将土地、劳动力和资本三要素结合在一起并对三要素的结合过程加以监督与管理，以取得有效的收益，因此企业家的管理活动至关重要，可以称之为生产的第四要素。随着工业革命的进展和"管理"对大规模组织生产活动贡献的日益显著，对管理功能的认识也逐渐明确，管理功能逐渐被确认为生产过程中不可或缺的组成部分。

然而，工业革命时代，技术的创新和发明支配着生产的增长，管理对生产增长的作用服从于技术对增长的贡献。因此，社会的普遍看法不可避免地会强调技术而不强调管理对于生产过程的作用，其结果是制约了人们对"管理"这一独立的重要功能的认识。而且，由于管理主要脱胎于技术人才或管理者个人经验的总结，因此管理具有鲜明的人格化色彩，往往与不同工厂的生产技术紧密联系，缺乏普遍适用的有关如何进行管理的知识体系，没有共同的管理行为准则。人们把能否成功归因于管理人员的个人品质，而不是归因于他们是否掌握了更为广泛的管理原则。

西方自第一次工业革命以后，对管理进行了系统而深入的理论研究与实践探索，形成对管理的多种理论认识，主要包括以下六种："科学管理之父"泰罗提出管理"工作任务说"，认为管理就是要"确切知道要别人干什么，并注意让他们用最好最经济的方法去干""管理的主要目的应该是使雇主实现最大限度的富裕，也联系着使每个雇员实现最大限度的富裕"；法国管理学家法约尔提出"职能说"，认为"管理，就是实行计划、组织、指挥、协调和控制""是一种分配于领导人与整个组织成员之间的职能"；苏联管理学家波波提出"要素说"，认为管理同土地、劳动和资本一样，都是一种生产因素，或曰资源，一个公司的管理将在很大程度上决定其生产率和赢利能力，因此管理是"生产的第四要素"；美国管理学家德鲁克提出"文化说"，认为"管理不只是一门学问，还是一种'文化'，它有自己的价值观、信仰和语言""管理根植于一种文化、一种价值传统、习惯和信念之中，根植于政府制度和政治制度之中"；诺贝尔经济学奖获得者西蒙认为"管理过程就是决策的过程"；也有西方学者提出人力资源管理说，认为"管理就是通过别人把事情做好"。

## （三）第三只眼睛看管理

人们之所以关注管理一词，之所以形成众多关于对"管理"认识的不同流派。一是管理本身既是人类的重要活动内容，也是研究人类活动的重要和关键问题，因此，研究管理，形成对"管理"的概念性认识是一个绕不开的问题；二是随着人类社会的进步和发展，社会环境的不断变化使人们对管理形成不同的看法和认识；三是关于管理的不同概念进入我国以后，没能够得到统一、融合，人们习惯于按照自己的总结开始演绎并流传。

科学研究的实质是通过探寻事物的本质属性，形成客观、系统的、规律性的理论体系。通过对中外关于管理定义的综合研究，可以发现，管理的基本含义，就是有效地整合各类资源、协调组织中个人和群体行为，确保组织目标得以实现的实践活动。管理有广义和狭义之分。广义的管理是指应用科学的手段安排组织社会活动，使其有序进行，其对应的英文是 Administration 或 Regulation。狭义的管理是指为保证一个组织全部业务活动而实施的一系列计划、组织、协调、控制和决策的活动，对应的英文是 Manage 或 Run。在人类社会实践中，管理可以划分为不同种类的管理，比如行政管理、社会管理、工商企业管理、人力资源管理等等。每一种组织都需要对其事务、资产、人员、设备等所有资源进行管理。每一个人也同样需要管理，比如管理自己的起居饮食、时间、健康、情绪、学习、职业、财富、人际关系、社会活动、精神面貌（即穿着打扮）等。在企业经营活动中，管理可以划分为战略管理、人力资源管理、财务管理、生产管理、物控管理、营销管理、成本管理、研发管理、文化管理等。因此，要把握管理的本质属性，明确管理的应用范围和范畴，才能形成对管理含义系统的、规范的认识。

管理的自然属性是为了许多人进行共同劳动而产生的，它反映了协作过程本身的要求，是一系列生活经验、生产经验和科学方法的应用和创新。从它的自然属性中，可以看出它具有以下三个方面的特性：

第一，它是工作经验、生活经验和科学方法的总结、应用和创新。它来自生活实践、工作实践，又将用于指导实践，在应用中进行检验。由于管理属于历史范畴，它必须随着社会发展和生产方式的变化而不断创新。创新是管理的生命，这种不断创新和继承表现为管理文化的连续性。

第二，它必须适应协作过程的要求，才能有效地组织共同劳动。从历史范畴讲，它需要随着社会发展和生产方式的变化不断创新；从社会范畴讲，它需要适应社会各方面的需要而创新，从而形成具有各领域、各行业特征的管理。也就是说，就某一方面的管理来讲，它必须适应所管理的协作过程的不同时期、生产方式、领域特点的具体要求，才能产生管理的有效性。

第三，它的主要管理对象是掌握了一定科学技术知识的人。管理科学不同于其他自然科学，不论管理对象是"三要素"，还是发展到"五要素"，甚至"七要素"，其中人是最重要的管理对象。从人的生物性来讲，人具有自然属性，是一种重要的生产力要素；另外人是有思想、有感情、有意识、有生产关系的，具有社会属性，人是社会人。要将人的活动和协作管理好，就必须根据管理科学，来进行科学的管理，以适应管理活动的客观规律。管理对象中只有人的价值充分实现了，才能使过程有效性达到最大化。

第四，管理的第二重性决定了它具有自然科学的性质，也具有社会科学的性质，它是自然科学和社会科学的边缘科学，无论什么科学，科学都是生产力要素。管理对象应是七要素，即人、财、物、时间、空间、信息、科学技术。管理对象不仅包括有形的，更重要的是无形和无形关系的变化和发展。无论是组织道德、组织文化、组织目标、群体价值观、领导作风等，还是库房管理、成本管理、财务管理、质量管理等内容，主要是对关系的管理。当然它包括物与物的关系、人与物的关系、人与人的关系、物与其他的关系、人与其他的关系，即它是所有这些关系的总和。这些关系是不可分割的，最本质的还是人与人的关系。如成品库管理，它不仅是成品之间的摆放关系，成品与货架、库房等的关系，还有成品与搬运工、保管员的关系，搬运工与保管员的关系、保管员与进货方的关系、保管员与领货方的关系、保管员与上级管理者的关系，所有这些关系都是通过物这一中介来反映的。这些关系中，保管员与进货方的关系、保管员与领货方的关系、保管员与上级管理者的关系是最本质的关系。

从管理的基本要素来看，任何管理活动都少不了四个方面的基本要素：一是管理主体即管理者，亦即谁来管理。二是管理客体即管理对象，亦即管理什么，包括人、财、物、时间、空间和信息等。三是管理手段和职能，即运用什么样的手段和方法发挥什么样的功能和作用等，也就是如何管理的问题，包括运用行政方法、法律方法、经济方法和教育方法等基本管理方法，对管理对象进行预测、决策、计划、组织、指挥、协调、激励和控制等。四是管理目标，即朝着什么方向走，最终产生什么结果，达到什么目标。所以，从管理的基本要素出发，可以对"管理"做出定义，即所谓管理，就是管理者为了达到预定的管理目标，运用行政的、法律的、经济的和教育的等管理手段和方法，对人、财、物、时间、空间和信息等管理对象进行决策、计划、组织、协调和控制等一系列活动的总称。

## （四）企业管理思想与政府管理实践的互动

根据观察研究，人们发现组织的成功更多地取决于其领导人的管理能力而不是技术能力。管理可以概括为一系列的原则和要素内涵，如计划、组织、指挥、协调和控制等，并认为这是管理的普遍原则和共同要素，管理成为一种能够被学习、传授和实践的能力。从认识和发现管理作为一种独立的功能要素在生产过程中的重要价值，到管理成为一个科学性、一般性和普遍性的知识体系，意味着"管理"已经具备向所有管理领域进行知识渗透的能力，在企业推进管理体系的同时，管理思想和管理也必然向政府管理领域渗透，并形成了政府管理理论的思想基础。

以管理为主要取向或视角来看待政府管理，淡化政府行政管理与企业行政管理之间的区别，管理原理和原则被认为是一般性和共通性的，这些理论促进了政府公共管理体系的完善与发展。针对政府部门行动迟缓、效率低下，工作人员固守规则、循规蹈矩，缺乏为公共目标服务的精神，缺乏创新精神，缺少回应社会需求的激励，资源浪费、官僚主义和形式主义泛滥成灾等问题。从 20 世纪 80 年代开始，西方各国政府掀起了一场向企业学习"管理"的运动，在这场学习运动中，管理传统以一种新的形式被发扬光大，逐渐形成为一种管理哲学，形成"新管理主义"，"新管理主义"包含以下核心观念：

1. 经济学意义上的生产力持续增长是社会发展的主要途径。

2. 这种生产能力的增长以"管理"功能对劳动力要素和复杂的信息技术、组织技术、物质形态商品的生产技术等生产要素的有效组织为前提。

3. 管理是一项重要的、分离的和特殊的组织功能，在诸如计划、执行和衡量生产力的实质进展方面发挥关键作用，商业的成功越来越依赖于高素质和职业化的管理者。

4. 为履行关键作用，管理者必须拥有合理的管理权限，让管理者来管理，这是良好管理的基本准则。

5. 管理具有共通性，公私部门的管理只存在一些不重要的差别，私营部门的管理普遍优于公共部门的管理，因此，公共部门的良好管理可以通过引进私营部门的管理实践来实现。

## 二、管理也是生产力

只有将管理提高到生产力的高度来认识，我们才能更深刻地认识和理解现实社会生活中的经济体制改革、政治体制改革、社会保障体制改革等管理革新的必要性和迫切性，自觉地顺应改革潮流，努力提高科学管理水平，促进社会主义生产力迅速发展。

### （一）管理本身就是一种生产劳动

管理原是和劳动浑然一体的。在人类社会，无论集体劳动或共同劳动，为节约资源，降低生产成本，都包含着管理，个体劳动者对自己生产的产品有时间上的工序衔接和轻重缓急秩序的安排、空间物体的合理排列，以及对产品成本利润的核算。这些管理活动就和具体的生产操作糅合在一起，构成完整的劳动过程。共同劳动群体内部需要分工协作，需要有人专门来组织指挥，使共同劳动能够协调行动犹如一人，方能成为一个有效的劳动过程。在现代社会，机器大工业和社会化大生产使得管理者从生产劳动中脱颖出来，形成一个独立的社会阶层，管理活动演变成一种集知识、经验、天赋和组织能力于一身的高度复杂的社会劳动。即使如此，管理依然要和生产要素、生产过程结合在一起发挥作用，管理仍然属于生产劳动的范畴。可以预料，到了科技高度发达的未来，尖端的通信技术、自动化仪器设备、计算机会普及到社会生产和社会生活的每个环节和每个角落，对生产管理的所有职能将编排为电脑程序，由机器自动操作控制，届时，管理劳动与生产劳动将重新合二为一。

### （二）管理能使物质要素变为现实生产力

政治经济学把生产力的概念界定为劳动者、劳动资料和劳动对象。这可以归结为人、财、物这些物质的生产要素。如果其中"人"的要素特指体力劳动者，则仅凭这样的人、财、物形成的生产力是很有限的。只有加上管理这个要素，对这些物质要素进行优化组织、合理指导，方能形成一个现代社会的生产过程；如果"人"这个要素中包含着生产过程中必不可少的管理者，那么，管理就是生产力中的一个要素，便是题中应有之义了。当今现代化大生产中，科技和信息上升为生产要素的重要成员，"科技是第一生产力"这个观念深入人心。但是科技成果应用于生产过程，转化为现实生产力，则必须通过科学的管理才能做到。著名企业家鲁冠球总结自身的经验，有一个形象的比喻："在一个企业内，如果投资占1分，科技占3分，则管理占了6分。"这充分说明了管理在生产要素中的地位。

### （三）管理是一种系统生产力

根据系统论的原理，系统的整体功能大于系统内单个组成部分功能的总和。这关键在于系统有明确的奋斗目标、合理的组织体系、健全的规章制度、灵活的运作机制，使得系统内单个组成部分在体制的保证和制度的规范、激励下形成合力，朝着既定的目标统一行动，最大限度地发挥各自的功能。现代经济组织属于人工系统，管理则更是系统的灵魂，管理不到位或混乱，经济组织就不能协调运行，就没有生存发展的活力。因此，管理是经济系统运作的主要推动力。

管理是系统生产力，它对经济的促进作用和科技不同。自然科学技术研究的对象是单个物质要素或局部生产领域，研究目的是或提高劳动者生产技能，或提高设备性能，或研制新产品。其功能在于提高单个或局部生产要素的使用质量和使用效率，它是一种较直观的生产力。管理则不同，它面对的是系统的全部生产要素，研究的是如何在外部环境复杂而内部条件不足的情况下使有限的人财物、科技信息、时间空间得以有机地、优化高效地组合，目的是提高系统所有要素的使用质量和系统的整体效益。诚然，管理本身从观念到手段都离不开科技的武装，但就一个范畴来说，管理推动生产发展的动力，其规模和综合作用要大得多。

## （四）管理质量关乎经济效益

管理的质量直接制约生产效率和经济效益的高低。现代管理的根本目的，是要更多地为社会制造价值，不能创造经济价值和社会价值的管理是无效的管理。管理是人类的一种主观行为，是人们对客观世界的认识付诸实践的活动过程。它受制于人们的学识、经验、天赋和能力，它的成功与否，必须以实践效果来衡量。具备相同物质生产要素的企业，管理投入如果有质或量的差异，则企业的生产效率和经济效益是大不一样的。现实中不乏这样的例子，一些原本不显眼的企业，只因企业负责人换上"能人"，"能人"经营思路对头，管理方法有奇招，终使企业一跃而名列前茅，甚至坐上"大哥大"交椅，带活了一批不同地区、不同所有制的企业。"能人"救活厂的关键在于管理水平高超，最典型的例子是日美同类企业的比较。作为生产工农业制品的场所，美国具备世界一流的条件，日本在美主办的企业虽因地处异国他乡而有诸多不便，但照样能够以低成本生产出比美国更优质的产品，甚至在日本企业略处于劣势的情况下，美国产品仍比日本产品逊色。其理由只有一个，就是美国同类企业综合调动人力、物力和生产技术的管理技术落后，即日美企业的差异主要在于经营管理水平有高低。日本经济的成功主要来源于管理的成功。就此来说，管理具有乘数效应：科学的管理能够通过合理的管理体制、规范的管理制度、灵活的管理方式和优秀的管理人才，通过乘数效应而以较少的投入获得最大的产出；反之，管理如果不符合客观实际，主观盲目决策，其对资源的浪费及对再生产过程的破坏也是惊人的。这说明，管理是生产要素中最重要且最活跃因素。管理不到位或失误，即使其他要素齐备亦不能达到预期效果；善于科学管理，即使其他要素逊色亦会创造出奇迹。

管理是超级生产力，而中国最缺的恰恰是管理。管理是把三个物质要素与一个非物质的技术要素加以组合，我们往往要求 1+1 大于 2，实际上有的时候 1+1 可以大于 10，这就是管理的本事。

## 三、跳出管理与领导的"迷宫"

长期以来，领导干部的能力建设中对"管理"能力和"领导"能力始终存在认识上的模糊，尤其是近年来，人们过于强调领导能力建设，对领导的管理能力强调较少，甚至以领导能力建设包括或替代管理能力建设，导致实际工作中出现不少偏差。时代发展对领导干部能力建设的新要求，迫切需要对"管理"能力和"领导"能力管理的内涵、辩证关系进行较为深入的研究，形成明晰、规范的理论界定，为有针对性地提高领导干部的管理能力打下坚实的理论基础。

在词典中，"领导"一词的基本含义是引导和影响，作为名词的解释，就是起到这种作用的人。而管理从字义上讲，是管辖和治理，其实质内容是对各种资源进行合理配置，以取得预期的效果。管理学中把"领导"定义为，影响他人为某种目标努力的一系列活动的总和，其中包括计划、组织、协调、指挥、监督等职能。作为从管理科学中分化出来的领导科学理论认为，领导是指影响别人，以达到群体目标的过程。这个定义意味着领导是一个施加影响力的过程，是一个管理职能，因此每一个领导者以及每一个管理者都需要发挥领导的职能。领导科学与管理科学两者有交叉的地方，但又各有其侧重。领导科学的产生借助了管理科学的一些原理、原则和方法。

关于领导的本质，有的学者称为"影响力"，有的学者称为"权力"，有的学者称为"领导特质的魅力"。从领导与管理的含义分析可以发现，二者间还存在一些重要的区别，如果说管理侧重技术和手段，侧重过程和方法，那么领导侧重人文和目的，侧重结果和艺术。领导通常关注意义和价值，关注所要达到的目标是否正确，是否值得。领导关注做人，关注人的尊严、人的价值、人的潜能、人的激励和发展。在人类的社会实践中，其实任何组织、团体乃至国家，都必须既有领导又有管理。只有领导而无管理，则领导的意图和目的往往比较难以实现；同样，如果只有管理而无领导，管理的愿望和目的同样也难以达到。

目前在领导与管理相互关系的认识上，主要有以下四种具有代表性的观点：

第一种观点认为领导与管理不分，两种概念交替使用。领导就是管理，领导者也就是管理者；反之亦然。

第二种观点认为管理是一个更大的范畴，领导是其中的一种职责。通常来讲管理有四种职责：计划、组织、领导、控制。领导是管理中的一种职能或功能。这是管理学界比较成熟的观点，也是占统治地位的观点。

第三种观点认为领导是一个更大的范畴，管理是其中的一个职责，是完成领导的任务。因为领导是一种高度综合性、统率性的实践活动，所以管理是领导中的一个职责。

第四种观点认为领导和管理是两个相对独立的范畴，而不是从属于对方的一个组成部分。它们各有自己的执行系统，有独立表达的话语，这是理论界新的观点。被誉为"领导力第一大师"的哈佛商学院教授约翰·科特说："管理者试图控制事物，甚至控制人，但领导人却努力解放人与能量。"他认为，领导和管理互不相同，管理的工作是计划与预算、组织及配置人员、控制并解决问题，其目的是建立秩序；领导的工作是确定方向、整合相关者、激励和鼓舞员工，其目的是产生变革，显然，这也正是领导力的运行轨迹。

从对管理与领导的理论分析和实践活动比较中，可以明确地得出一个结论，即管理与领导是既有联系、又有区别的辩证关系，二者的关系因领导干部主体面临的任务、所处地位的变化而产生不同的变化。上诉四种观点的产生，也是因为受研究的出发点、研究的主体和社会环境变化的影响而形成的不同看法。实际上，从人类社会发展的实践中可以明显地认识到，管理与领导的关系具有相当的复杂性。譬如，从先有管理，还是先有领导来说，就像在问先有鸡，还是先有蛋一样难寻答案。从西方管理科学的发展看，领导是管理职能的从属职能。从中国各级领导的主观认识看，大多人认为领导力是更为重要的能力，也是领导津津乐道的话题。从大众的观点看，领导与领导力是天然的内在联系，提高领导能力就是提高领导力。从对成功领导的个案研究中发现，成功领导往往既有较强的领导能力，又有较强的管理能力。因此，在对管理与领导的辩证关系认识上，要坚持从实际要求出发的原则，坚持与时俱进的态度，共同促进领导干部能力建设发挥应有的作用。

领导者的能力是领导与管理能力的结合。领导者需要专业化，但领导者的专业化不是业务员或者专家、学者式的，而是一种"双内行"式的，即：他应当既是业务方面的内行，更是领导和管理方面的内行，而且业务方面的内行最终也是服从和服务于成为领导和管理内行的。所以，有时有的领导者并不一定是业务方面的内行，可是照样能够成为有效的领导者。但是，如果他是一个领导和管理方面的外行的话，那他就绝对不可能成为成功的领导者。

在实际工作中，领导干部要抛弃非此即彼的思维方式，正确处理"领导"与"管理"的辩证关系。虽然领导和管理有那么多的不同，但是显而易见，对领导者来说，领导和管理都是十分重要的，一个领导者必须同时兼备这样两种能力。同时，一个领导或管理活动过程也需要达到两者的平衡。所不同的是，由于领导者面临的环境、所处的地位等不同，两者的侧重点应当是不一样的。一般来说，在领导班子中，一把手应当偏重领导，而副职则应当偏重管理。而在一个特定的组织中，处于高层的领导者显然应当偏重于领导，处于中层的领导者则应当偏重于管理。事实上，现在领导工作的管理情境是一个非常复杂的情境，它在某些方面是稳定的、可预测的，但在某些方面又具有多变、不可预测等特征，它两者共有或在特定情境中偏向某一方。这就要求"管理"和"领导"视具体的情境而定，始终处于一种动态的转变之中。

《伽利略传》中有人说："没有英雄的国家是多么不幸啊！"伽利略则回答说："不！需要英雄的国家才是不幸的。"

## 四、你适合当领导者还是管理者？

领导工作概括起来有两件大事，一是出主意，二是用干部。在这里，领导工作实际上体现着领导者和管理者作用的统一。在今天，由于客观环境的急剧变化，对领导能力的要求和挑战越来越高、越来越严，迫切需要厘清领导者和管理者的内在区别与联系，明确各级领导干部的角色定位，细化管理职责。从领导与管理的概念出发，可以发现领导者与管理者的职能也各有侧重，具体表现为：

第一，领导者侧重未来，即纵向发展，管理者侧重当前，即横向发展。领导者负责的是全面、全方位的未来策划，因此，领导者更多地注重纵向发展，把希望放在未来。管理者则是执行领导者的战略部署，按步按点去实施管理。在实施管理中，管理者的使命是不断地将每一步每一点横向地尽最大努力创造业绩、创造效益。因此，一个管理者和一个领导者的任务决定了一个只能注重横向发展，一个只能注重纵向发展。优秀的领导者是不断地向前看，用自己的专业眼光推动企业不断向前发展，而管理者则要在每一个停留的点上尽最大的努力去将该点横向延伸，最大限度地创造利润从而完成自己的任务和使命。

第二，领导者和管理者处理问题的着眼点不同。由于领导者的任务是负责全局发展，因此需要凡事从全局出发权衡利弊。管理者负责局部管理，凡事只需从局部考虑问题。可以说领导者是抽象的，是务虚者。管理者是具体的，是务实者。所以，领导者处理每个问题，都必须谨慎面对，必须从整体利益、长远利益去权衡利弊，相对来说，管理者就没有太多的后顾之忧，有时只需按照管理的制度去执行就行了。

第三，领导者追求改革、创新，管理者注重维持现状。由于领导者旨在发展整体，管理者负责搞好局部，从而导致领导者和管理者在日常的经济活动中有所侧重。管理者一般注重维持目前的秩序，利用已建立的制度、法规履行自己的管理职责，确保圆满完成组织任务。当然，只能说侧重，优秀的管理者是不会只满足停留在当前状态的。他在实施管理的过程中也会不断地反思自己、检讨自己、不断地完善各项管理制度，从而谋求更高的发展。领导者大都注重对组织前景的关注，志在改革创新。因此，管理者一般都被认为是现有制度的守护神，而领导者由于始终走在潮流前为人们指导方向，从而大都成为人们的精神领袖。

第四，领导者和管理者岗位要求的专业素质水平和综合素质水平层次不尽相同。由于领导者主要是根据自己的专业眼光去观察，去捕捉机遇，从而为企业组织的发展确定方向，为组织创造更好的发展空间，因此领导者的职位要求更侧重领导者本身的洞察能力、预测分析能力和统筹大局的能力。而管理者只是运用自己的管理方法去维护当前的秩序或谋求更大的发展就能基本完成自己的任务，所以管理者的职位要求更注重自己的分析能力、总结能力和解决实际问题的能力。这里面除了强调经验的重要性之外，还说明了领导者的整体素质要求比管理者更高一个层次。当然我们只能说是从整体素质来讲，而不是说一个领导者肯定就比一个管理者强。领导者讲能力，重策划；管理者讲经验，重执行。

第五，领导者和管理者使用的权力基础不尽相同。权力的一般定义是：一个人影响和改变他人心理和行为的能力。权力分成三个组成部分：职位权、专长权、个性权。职位权是法律或制度所赋予的，所以有其强制性，专长权来自个人拥有的知识和才能，个性权来自个人品质和心理素质，专长权和个性权缺乏强制性，它们的影响完全出于其被管理或被领导对象的主动的内心认可，我们常说的领导魅力指的就是"专长权和个性权"。领导者和管理者都拥有这三种权力，但两者对三种权力使用的概率不尽相同。领导者一般都靠个性权、专长权去真正从心里征服下属，让下属主动地接受自己的思想或主张进而积极主动地按照自己的计划行事去完成任务。这种效果远比单独使用职位权好得多，因为主动比被动，积极比消极地去执行任务的效果要好得多。当然，我们不能说，领导者就不需要职位权，一个新来的领导者，他拥有的也只是职位权，他也是靠职位权让下属去执行工作的。优秀的领导者，他会在以后的日常工作中不断地提高自己的专业水平和综合素质，并且尽量地和下属打成一片，从而提升并巩固自己的专长权和个性权。因此，领导者只是需要职位权来让下属承认并接受自己的身份作为前提，而在日常执行工作时更多时候是靠专长权和个性权的影响。而管理者则不同，由于他强调的是维持现有的秩序，而维持秩序都是靠制度去执行的，所以他在管理的过程中更多的是直接使用职位权，这样既快捷又方便。当然，现在越来越多的管理者都有了共识：利用职位权时，如果再加上专长权和个性权的影响，是可以达到事半功倍的效果的。

## 五、如何理解管理者与管理能力

管理者是组织中有权指挥他人活动的人，即在正式组织内拥有正式职位，运用组织授予的制度权力做出决策，负责指挥别人的活动并承担对组织实现预期目的做出贡献的责任的各类主管人员。管理者通常是整合各种资源借助各种手段来达到既定的目标，注重做事，把事情做得既有效果又有效率，也就是我们常说的又快又好。同时比较注意细节、手段、技术的应用。它强调的是，管理者要运用相关的法律和制度，管好自己所负责的人和事。有一个关于管理的笑话讲到，有一天动物园管理员们发现袋鼠从笼子里跑出来了，于是开会讨论，一致认为是笼子的高度过低。所以它们决定将笼子的高度由原来的 10 米加高到 20 米。结果第二天他们发现袋鼠还是跑到外面来，所以他们又决定再将高度加高到 30 米。没想到隔天居然又看到袋鼠全跑到外面，于是管理员们大为紧张，决定一不做二不休，将笼子的高度加高到一百米。一天长颈鹿和几只袋鼠们在闲聊，"你们看，这些人会不会再继续加高你们的笼子？"长颈鹿问。"很难说。"袋鼠说，"如果他们再继续忘记关门的话。"事有本末、轻重、缓急，关门是本，加高笼子是末，舍本而逐末，当然就不得要领了。可见管理是抓事情的本末、轻重、缓急。

我们再把时间追溯到 100 年前。在事业蒸蒸日上的同时，亨利·福特也遭受了"红眼病患者"的嫉恨。在一起诬告福特的案子中，主审官充满偏见地质询道："尊敬的福特先生，我们知道您的公司取得了很大的成功，但是我有一个问题始终搞不清楚，您知道您的福特 T 型车一共用了多少个车锭吗？"福特沉思片刻，不急不慢地回敬说："哦，法官先生，这个问题我确实搞不清楚，但我可以告诉你，我非常清楚在我的公司应该是谁知道这个问题的答案。"事实上，福特的机智反驳引出了一个不言自明却总是被混淆的概念关系：领导与管理有着泾渭分明的权力边界，而这也隐约透露出领导力的核心所在——解放权力，释放能量。

管理的实践和程序在很大程度上是对应于 20 世纪的一个重要发展，即大型组织的出现而言的。如果缺乏良好的管理，复杂型组织必将一团糟，进而直接危及它们的存在。而有序的管理则会赋予组织诸如产品质量、收益等许多重要方面相应的秩序和连续性。领导者是相对于变革而言的。当今世界的经济更加富于竞争性，更加趋向于变化不定。日益迅猛的技术革新、日益增强的国际竞争、市场的放松管制、资本密集型产业的生产能力过剩、不稳定的石油卡特尔、垃圾证券的冲击以及劳动力的变化等等，都是导致趋势的要素之一。而如此变化的结果就是，单纯地重复昨日所做的事或仅仅比昨天改善5%已经难以确保成功了。在新的环境下，变革日益成为维系生存、增强竞争力的必要条件，而更多的变革总是要求更强有力的领导。

在影响管理行为的管理要素中，管理者在管理活动中处于主导地位。在客观条件相近的两个组织中，决定管理工作好坏的关键因素就是管理者。管理者能力的高低对保证组织目标的实现和管理效能的提高，起着决定性的作用。管理的本质就是追求效率，因此，管理者的管理能力从根本上说就是提高组织效率的能力，它具体表现为三个方面：

第一，管理者应具备能全面而准确地制订效率的标准的能力。管理者如果要提高组织的效率，首先要有具体的效率标准作为衡量的依据。标准是用以比较将来、当前和过去行动的准则。确定标准的方法有很多种，管理者可以把组织的许多特征作为效率衡量的标准，包括量的、质的等依据，例如人均产值、产品平均成本以及各种物品购销价格等。表面看来，制订效率标准并非难事，写在纸上似乎就够了。其实不然，制订一个科学的能够体现效率原则的标准并非易事。管理者必须进行深入调查，透过眼前的、明显的事实找出能了解、反映眼前问题的充分信息，并对信息进行深入分析，才能正确估计到他负责监管的所有设备和人员的最大能量，从而制订出符合效率原则的标准。

第二，管理者应具备敏锐地察觉目前工作水平同效率标准的差距的能力。实际工作与标准比较总有一定偏差。如果没有偏差，就不需要管理。正因为有偏差存在，才需要我们去做工作。一个优秀的管理者应当能够及时了解目前工作的进展，敏锐地察觉目前工作水平同效率标准的差距，以便在它发展成危机前得到改进。管理者应寻找实际工作与标准之间的偏差，若工作有数字标准，找出并确定偏差并不是一个大问题，如产量、利润；但若对一些技术性较少的工作，工作标准不但难以量化，甚至连评定的内容都很难确定，管理者有时就不得不凭直觉和经验来判断，如管理人员的积极性、职工的精神面貌等。一名精明而有远见的主管，有时能够预见到脱离标准的偏差。缺乏这种能力的，则至少应该尽早认识偏差。如果标准制定适当，又有明确地评定下属人员工作的手段，则对实际业绩或预期业绩的评价就相当容易了，也很容易确定偏差的存在与否。另外，管理者通过制定科学的制度可以在一定程度上弥补自身能力的不足。如果目前工作明显地偏离原定的各项效率标准，那说明一定有什么问题或哪儿需要改进。管理者应当敏锐地察觉目前工作水平同具体标准的差距，在把握工作时不要局限于眼前的困难和问题，还应当注意那些较深远、较不明显但今后可能造成严重后果的症状，以便其在发展成危机前得到改进。

第三，管理者应有纠正偏差的能力。管理者得到发生偏离的信息，认为有必要采取措施来纠正实际结果与标准结果之间的偏差时，必须进行矫正偏差。只要目标和成效之间存在偏差，总是有一定原因的，矫正偏差应该从研究出现这种偏差的原因入手。但最先引起管理者注意的，可能往往只是一个症状，而不是问题的实质。有时，已获得的事实能提示出真正原因，并能为随后的事实检验所证实。然而有时事实所提示的原因并非根本问题所在，或者管理者设想的原因同事实所提示的相悖。尤其在一系列表面上互不相干但是出于一个根源的迹象发生时，更容易产生这种情况。管理者应仔细考虑各种可能的原因，然后根据已获得的事实，确定哪一个是真正的原因。只有找出偏差的原因，才有助于确定适当的矫正行动，否则很可能南辕北辙，事倍功半。

李开复眼中的一个好的商业领袖、一个领导者应具备以下素质：

第一是要有为公司着想的意愿，也就是把公司的利益放在个人的利益之前。这是比较难做到的。当一个决定可以帮助公司，但对自己可能不那么好，他会选择尊重这个决定，而不是选择做一些很炫耀自己，但对公司帮助不大的事情。

第二，谦逊。在一个很大的公司里，当你爬到第一人的位置时，如果你不能谦虚地去倾听周围人的声音，他们就不会再愿意同你交流。

第三，勇敢。有长远的眼光，去做一些勇敢的决定，虽然这些决定短期对公司会有一些伤害，或者短期不是最优选择，会被别人批评，而长期看来却是正确的。

第四，有能力建立一套强有力的而且有意义的公司文化和公司价值观。我们都认为公司领导者应该很会做决定，但如果每一个决定都要公司的 CEO 来做，这个公司就完蛋了。他的工作更多体现在战略上，战略之外更多的是建立一种文化。比如说 Google 公司的使命，就是让人人能够平等地获取全球的信息。当我们碰到任何一个问题时，不需要去问老板，只要你认为它符合公司的文化、价值观和使命，你就可以去做。还要有耐心和毅力，要以长远的眼光和毅力，在一个合适的环境中，用合适的价值观来孕育公司的成长。

# 第二节　管理者的价值与作用

## 一、员工敬业度与业绩的关联

### （一）21 世纪的管理难题

全球著名的管理大师彼得·德鲁克曾经提过一个问题，他说在 19 世纪、20 世纪，人类之所以能取得如此大的进步和发展，是因为我们通过对工具、设备的应用，把人的生产效率，特别是体力生产的效率提升了 50 倍以上。

21 世纪我们最大的管理难题就是，如何让知识工作者的效率提升 50 倍以上。很遗憾，他没有给出答案。在企业当中，员工的绩效、工作成果如何去控制，如何去保障，这是我们现在面临最大的一个挑战。

工人的管理很简单，他每天在干什么，盯着他干，他只要按照流程操作，生产效益就可以保证，但是一个白领，天天坐在办公室里，谁知道他在干什么？他的工作效率是怎么样的？这是我们现代管理遇到的最大挑战，管理业务队伍也存在这个问题。一群销售人员早上开完早会，然后分散到市场上，所有的老板开始头疼：这帮人是出去了，但到底是去见客户，还是上网吧玩游戏，或是去咖啡厅里喝茶聊天，还是去打麻将？不知道！现在大家上班都有一个习惯，早上上班打开电脑，第一件事情先上 QQ，再把邮件收发一下，等把这一堆工作处理完了，大概 40 分钟到 1 个小时就过去了。

所以，对于现代的管理者来说，最头痛的一件事情就是这群知识工作者的工作效率问题，因为他们不是凭体力工作，而是凭智力工作，他们的工作效率怎么评估，怎么衡量，怎么提升，这是摆在管理者面前最大的难题。

## （二）决定员工工作绩效的因素

那么，什么是决定员工工作绩效的因素，关键在哪里？一群篮球队的队员要想在球场上取得绩效，一个很关键的因素是这群运动员临场的状态，其实管理也是一样的，员工绩效的好坏，最关键的影响因素是员工的状态。当一个人状态好时候，心情好、思维活跃，他的工作效率就会比较高，干起活来很有干劲；但是如果一个人心情不好，状态糟糕，哪怕他能力再强，依然不能取得好绩效，就像一个运动员，什么技能、动作、标准都懂，但是状态不好，一切就等于零。知识工作者也是这样的，当灵感来的时候，他整夜加班，源源不断有东西出来，当他状态不好，没有灵感的时候，可能三天都干不出任何事情来。员工的状态是决定绩效的一个非常关键的因素。

## （三）衡量一个企业健康与否的最佳指标

衡量一个企业健康与否的最佳指标是什么？销售额？利润？市场份额？客户满意度？还是经营效率？

以上都不是！应该是"员工敬业度"。杰克·韦尔奇说："敬业既是一种能力，更是一种精神，每一家想靠竞争取胜的公司必须设法使每个员工敬业！"

### 1. 员工的分类

员工大概分为三种，一种是敬业员工，工作积极主动、全力以赴；一种叫从业员工，这种人踢一脚、动一下，推一下、动一下，被动工作，但是要他做，他也能做；还有一种叫怠业员工，这种人身在曹营心在汉，推他，他都动不了，逼他都逼不出来。

### 2. 敬业员工的价值

敬业的员工为公司贡献的价值比不敬业员工高出 4 倍。在全球 100 万名员工的测评中，得分排在前 20% 的单位和排在后 20% 的单位的业绩对比效果是：顾客的忠诚度提高 56%；销售效率提高 38%；利润率提高 27%；员工的流动率减少 48%。因此所有的管理者都梦寐以求的是自己的员工都处于敬业状态，全力工作。可问题是这种状态很难，尤其在中国企业里面特别难。

据全球最大的调研公司盖洛普调查，在中国的企业里面，员工的敬业度平均只有百分之八，换句话说，大约十来个人里面，只有一个人是敬业工作的。我们的指标比全球平均数据要低将近一半，可见我们面对的管理挑战是很大的。在全球员工流失率的统计当中，澳门、香港，包括中国大陆，都是排在全球前列的。在民营企业里员工的流动率比较高，经理人的流动率也比较高。管理者都希望员工能够敬业爱岗，都希望所有的员工从从业状态、怠业状态过渡到敬业状态，可问题是要达到这个是很难的。

## 二、敬业的根源在哪里

### （一）员工为什么敬业

员工敬业工作的根源是什么，受什么的影响？有人说企业愿景，企业愿景好员工就敬业工作；也有人说可能是责任心，有责任心，就会把工作做好，就会敬业工作；也有人说兴趣，员工喜欢，他爱好这个行业，爱好这个工作，他就会去努力去做；也有人说有压力就有动力；还有人说薪酬待遇、福利，钱给得多，态度自然就好；还有人说要有激励，激励搞好了，他们的工作状态就起来了……有很多因素，那它的核心关键到底是什么？

### （二）敬业跟什么有关

**1. 好愿景 = 敬业**

在同一个企业里，企业的愿景都是一样的，在同样的愿景、同样的目标之下，有人敬业工作，也有人不敬业。

**2. 责任 = 敬业**

再比如说责任，责任当然很重要，可是如果一个人总是凭责任在工作，凭压力在工作，他的工作是快乐的还是痛苦的？当一个人背负责任的时候，这件事情对他来说就是一种负担，他的持续性不够。

**3. 压力 = 敬业**

压力也是一样的，在压力情况下工作，他可以发挥很好，他可以取得绩效，但是一个人很难长时间持续承受这样的压力。

**4. 爱好 = 敬业**

再比如爱好，其实员工跳槽，去同行工作的比较多，说明他还是喜欢这个岗位和工作的，但是他偏偏不在你的企业里面干，偏偏不在你的部门里面干！

**5. 金钱 = 敬业**

再说金钱、福利、待遇、薪酬，这些当然非常重要，有一句话说金钱不是万能的，但没有钱万万不能，所以薪酬是一个基础，没有薪酬，要驱动是很难的，但是倒过来说也是一样，金钱也不是一个太大的激励因素，人需要钱，但也不可能完全为钱工作。对于钱的态度，我们企业家可能要好好地思考和反省一下，大量的管理人员往往喜欢用金钱，加上严格的处罚来进行管理，其实这会带来很多负面的后果，会让员工对工作本身失去兴趣。如果一个人只为钱工作的时候，他就会有一个想法：赚够了我就跑。他没有办法持续工作。

商界的这些代表，像李嘉诚、巴菲特、王永庆，这些人钱已经够多了，可是他们七十多岁、八十岁、九十岁了，还在拼命工作，他们背后肯定还有更大的动力。同样，我们教育孩子很少会用金钱来激励，很少有家长跟孩子说："来，写个作业给五块钱，扫个地给两块钱，洗个碗给两块钱。"没有人会这样干的，所以对于金钱的激励作用一定要注意。而且在一个组织当中，如果只是凭金钱和利益来组建，成员之间谈合作的时候，动不动就谈回报，动不动就谈金钱、谈奖金，这样的组织是没有凝聚力和战斗力的。全世界所有的组织都不是只靠金钱、靠利益来凝聚的。

**6. 机制 = 敬业**

虽然讲机制很重要，但组织出问题基本上都是分配不均。机制只是基础，但不是一个激励因素，一个好的分配机制，可以让付出的人得到良好的回报，可以让取得成绩的人得到很好的回报，这是必要的保障。很多老板曾经问过我怎样进行分配，怎样让分配分得均匀，因为一个团队出内部问题时大多都是因为分配不均。其实要想真正分配分得好，关键点根本不在机制上，因为分配机制的背后，是人性自身的弱点。分配永远分不公平，很难分得均，因为它的背后是人性的两大弱点；第一，人的欲望是无穷的，分多少给他，他都觉得不够；第二，当团队取得成绩的时候，一般来说人会倾向于高估自己的贡献，而低估别人的价值，都觉得自己的贡献是最大的，自己的功劳是最大的，这是人性的深刻的弱点。有了这两个基准点，怎么可能分得公平，怎么可能分得满意，机制怎么设计都不会满意的。

机制很重要，但不要迷信，机制背后是心态。很多管理人员经常问能不能设计一个好的制度来做管理，其实如果一个管理人员只会靠金钱激励做管理，这是管理的偷懒；如果一个管理人员只会靠制度处罚，逼员工去工作，那是管理的无能。激励同样很重要，但是激励也有难题。比如我们去买电器，一般都节假日去，因为节假日有打折促销。本来一个企业做促销的目的是吸引人气，但卖电器的连锁商店发现，周一到周五，店里的营业员比顾客还多，到周末虽然顾客多了，但是通过一打折，利润又下降了，于是促销力度越搞越大，在企业里面这叫激励陷阱。

所以，如果企业里搞激励，只能使力度越来越大，这个东西有点像吸毒一样。而且更麻烦的一件事情是，如果公司搞一个重大的奖励计划，比如今年奖车、奖房子，老板在公司会议上一宣布，会发现一个很好玩的事情，这样的奖励计划真正起激励作用的只有那么五六个人，剩下那帮人一看觉得跟他没关系，反正他不可能拿冠军，大部分的人都没有动力就那几个优秀的家伙心里才想，就像在一个普通的高中里面，能考上北大、清华的也不太多，基本上大家都说没戏，轮不到自己，所以激励就没有效果了。

## （三）员工敬业的根源在哪里

员工敬业到底受什么影响，他们为什么会敬业工作，关键在哪里？管理一定要找到根源，找不到根源，管理就不能对症下药。一个好的医生第一件事情一定要找到病根。

一个人的工作状态受最大影响的是环境，人是环境的产物。

曾经有一个中国留学生跑到美国去留学，交了一个美国的女朋友。有一次两个人去逛街，路过红灯的时候，当时街道空旷，一看左右无人，车也没有，虽然红灯亮，这个小伙子很自然就闯过去了。走到马路对面，这个美国女朋友跟他说："我要跟你分手。"小伙子一听蒙了，为什么？这个美国女孩说："你连红灯都敢闯，你以后还有什么事情做不出来？"这件事情让这小伙子教训深刻，几年之后他学成回国又交了一个中国的女孩子做女朋友。周末的时候，两个人手挽手又去逛街了，走到一个路口，红灯亮了，这小伙子老老实实在那里等，也是街道空旷，四面无人，他等完红灯之后再过街。这个女朋友跟他说："我要跟你分手。"这个小伙子又蒙了："我不闯红灯，你为什么跟我分手？"这个中国女孩子跟他说了一句话："你小子连红灯都不敢闯，还有啥出息？"

所以，不同的环境下面，人的行为方式是完全不一样的。

同一个人，在不同的环境之下，他的工作形态、工作状态完全不一样。你在什么样的团队环境里，你的工作形态，你的工作方式，都会受很大的影响。

### （四）决定企业文化环境的关键点

那么，又是什么因素决定企业的文化环境？决定一个企业的文化环境的关键点又在哪里？影响人的工作状态的环境根源又是什么？

我们过去觉得企业愿景应该靠老板来激励，其实真正起影响的因素不在老板那里，最大的影响因素是员工的直接上级，这是决定一个人工作状态、工作形态的最根本的因素。同样一家企业，不同的部门，员工的工作状态会完全不一样，同样一个部门，换一个经理，员工的工作状态也会不一样，这就是管理最重要的作用。

## 三、经理效应

一个很有趣的现象，百分之七十的销售明星都是被平庸的销售经理折磨死的。在一个团队当中，销售业务人员每天在市场一线打拼，他们会遇到各种各样的问题，各种各样的抗拒，客户会不停地给他们很多负面的信息。比如产品太贵，交货太慢，质量又不好，竞争对手又给促销等，他们会受到很多挫折、压力。谁能在第一时间给他们进行处理，那就是他们的直接上级。

## （一）管理者向下传递好消息，向上转移抱怨

作为一个管理者，有好消息要及时向下传递，但是如果自己有牢骚、有不满，应该向上转移，这是管理的一个基本原则。可是，生活当中绝大部分没有经过训练的管理人员，他们的行为刚好相反，老总问他有没有问题，他说没问题。公司的团队管理现在怎么样？一切良好。回到办事处，弟兄们喝酒去，多喝几杯之后就开始发牢骚，说工作太辛苦、压力太大，老板那么抠门，市场部那帮人只是写一个策划报告，一点用都没有。发泄完以后他爽了，但是员工却惨了。在企业里面很多问题都是从这些管理的小事开始的。

## （二）老板和员工产生对立情绪的一个根源

在企业里面，有时候老板和员工阶层之间有很严重的对立情绪。比如某一天一个员工早上上班迟到了一分钟，被行政部抓到，跟他的经理讲："迟到一分钟罚款五十块，你去执行。"这个经理一听，跑来找这个员工，说："今天早上你迟到了，你运气不好，被抓到了，罚五十。"一看员工脸色不太高兴，立刻补上一句话："算你运气不好，不是我想罚你，是老板说非罚不可的。"就这一句话就把老板给出卖了。

员工被罚完以后，再听到这句话心里什么感觉？肯定觉得老板太抠门了，完全就是周扒皮，那么有钱，这五十块钱还要罚。他去吃饭的时候就会跟身边的同事讲："老板太厉害了，今天迟到一分钟，居然就要罚钱。"这一传十、十传百，一旦一个人对另一个人有了一个固定的印象之后，对这个人就看不顺眼，一旦员工当中传出这样的话以后，这个老板就很难当。他在台上不管讲什么，员工都觉得不太对劲，他说要严格管理、规范化管理，下面人的反应是完了，又要罚款了，他们不会去理解背后的东西。

## （三）员工因公司而加盟，因经理而离开

当初一个员工加入企业，最大的原因是因为他觉得这家公司很好，品牌很响

等等，但是他离开的主要原因都是因为经理。很多人都是和上级合不来，没有办法相处而选择离开。

其实所有的老板都不想这样，老板在上面不停地往里面注水，但是下面的中层干部把水又漏出去，这才是真正的难题。

### （四）做好管理的前提

对管理者而言，经理的管理价值常常被忽略，经理阶层在企业里有时候价值往往是被忽略的，特别在民营企业。就像一个球队里面，球星可以拿很高的薪酬，但是教练的薪酬一般都比不上优秀的球星，这是因为我们观念上的一个误导，我们往往会忽略管理的价值和管理者的效益。一个优秀的运动员，背后一定有一个优秀的教练；一个优秀的明星员工，背后一定有一个优秀的管理者。做好管理的前提是一定要认知到管理的价值，这叫经理效应。

### （五）取得优异成绩的条件

一个人，在一个团队当中，在一个岗位上，要取得优异的成绩，需要三个条件：

第一，他要具备这方面相关的天赋、优势。比如要想打篮球，身高不能太矮，如果姚明七岁的时候，一个举重队的教练碰到他，会不会选他去练举重，不会！因为一测一量，教练觉得这个小子以后要长到两米二，练举重估计没有前途，全世界练举重拿冠军的，就没有几个长得超过两米，练体操也不太合适。同样让李小鹏打篮球，估计难度也特大，这就叫相关的天赋、优势。

第二，要有匹配的环境。

第三，要有一个优秀的上级经理，这叫催化剂。经理在企业当中，实际上是一个催化剂。一个管理者起的作用就是促进员工发展，促进员工发挥优势，这就是经理效应。

# 第二章　业务精英与干部培养

　　一个人的培养有三个核心的关键，一个叫知识，一个叫技巧，一个叫意愿（也叫态度）。这三样东西和在一起，构成了管理的终极目的或培训的终极目的，那就是培养良好的习惯。

## 第一节　业务精英与干部培养的关键与核心

### 一、业务精英的培养

#### （一）用知识地图指引员工成长

**1. 什么是知识地图**

　　要培养人才，首先要有一个东西，那就是要确认人才复制的关键要点在哪里。每一个层级的培训重点不一样，首先要有知识地图，就像一个人进入一个领域，进入一个陌生的地方，他要知道路怎么走，对于人才也是一样的。我们要培养人才，我们就必须非常清楚他需要哪些知识、哪些技能，把这些东西列出来，就是一个人的成长的地图，也叫知识地图。

　　（1）对新人的要求。比如一个新的业务人员进到公司，他可能需要掌握很多东西：比如怎么去收集客户资料；怎么去寻找这个客户的介绍；他要知道如何打电话、邀约、约见；要知道上门拜访的时候应该怎么操作整个产品介绍的流程；要知道怎样更好地介绍产品；要知道怎样去处理各种各样的异议问题；要知道怎么做好售后服务。这些内容，就是他作为一个专业人才必须掌握的东西，我们把它整理出来，形成一个企业成长的地图，让他知道如何一步一步地发展。

（2）对成熟员工的要求。当他成为一个成熟的销售人员，下一步应该怎么培养他呢？可能这个时候就要开始对他的知识进行升级，不单要培训一些基本的东西，还要开始跟他讲行业的发展；开始跟他讲同行的产品的深入特征；讲自己的产品还有哪些其他的用途，还有哪些应用；如何开发市场；如何寻找代理商等等，这叫比较高端的业务精英的培养。

（3）对业务老手的要求。再往上一个层次，当成为一个成熟的业务老手时，这个人在业务领域里已经非常成熟。经过几年，有很多经验以后，这时候培训要再上一个台阶，比如一个渠道管理的销售人员，我就会告诉他们，最简单、最基本的是学会怎么开发市场，怎样铺货，怎样搞促销，怎么去找经销商。到第二步就讲行业的东西、同行的政策、同行的特征、同行的竞争点、自己的卖点、自己的竞争点，把这些东西很清楚地告诉他。

## 2. 不同员工的培训重点

（1）新人、普通员工的培训重点。不同的层级，培训的重点也不一样。对于新人、基层员工，就是入模板，根据公司的业务模式、销售流程，首先让他成长为一个基本业务过关的人。这里的业务不只是销售业务，还包括各个岗位的专业，都叫业务技能。比如物流部门、仓管部门、财务部门的业务，都是业务技术。第二个是练绝招，每一个人都有自己的优势，所以每一个人工作的方式就不太一样，擅长的东西也不一样，所以要打磨，让他有属于自己的一套绝招。在一个岗位上做了一两年的员工，就应该练出在这个岗位上某一项具有比较优势和独特的独门绝技。

（2）对中层员工的培训重点。对于中层员工，培训的重点就是提要求，让他调整心态，因为干部的心态是比较难调整的，他一旦出问题会影响面很大，所以要不停地给他进行心态的调试。

（3）高层员工的培训重点。对高层员工主要是统和观念，进行价值观的统一，让这支团队观念得到统一，并且让他学一些知识。而这种知识是比较高层次的知识系统，它不是一些技术，而是一种知识心灵的修炼，一种宏观的事业，一种哲学的事业。做到大企业家还要有懂政治、懂经济史这样高层的知识系统。

## （二）如何让业务人员快速上手

特种兵当然要有天赋，但是一个真正合格的特种兵是练出来的。在企业里面，我们要建立这样一个习惯，就是不断地给我们的员工进行技术方面的训练，而且是大量的训练。这里面有方法，但是没有捷径，也没有什么秘诀，就是反复地去练。部队也是这样的，每天踢正步、出早操、立正、稍息、刺杀、匍匐前进，就这些基本动作，几十年如一日地反复练，就这么简单。其实专业人才的培养，很重要的就在这里。

管理是传承，所以知识是学来的，但是技能是训练出来的。如果你希望你的员工成为一个合格的专业人才，就让他反复练，多做多练，别的秘诀讲半天都没有用的。

## （三）经常性地做总结式的辅导

练出来的是技能，但是有一些经验是没有办法传承的，只有靠辅导来传递。在工作当中带他一段，然后进行辅导，定期给他评估反馈。比如你的一个下属完成了一个重大的项目，或者完成了一项重大工作，你要给他做总结，然后点评他的工作。比如说："你做这个项目，做这个事情，做得不错，这几件还有成长空间。"通过这样的一种反馈式的辅导，才能让他掌握经验，因为他没有经验，又没有体验过，就只有靠你来辅导他，告诉他，你当初处理这件事时出现了什么问题，你怎么处理。

## 二、管理干部的培养

在企业里面，建立一个干部培养系统，这就比较关键。如果我们想做批量化或梯队化建设，首先就要确认管理的天赋。过去我们提拔经理人才，一般以业绩好坏为标准，比如销售经理，一般是提业绩好的人。而那些业绩好的人被提拔起来当经理后，本来他们做业务做得很好，但是经理当得一塌糊涂。有很多这样的人，这就意味着管理是需要天赋的，不是所有的人都适合做管理。

## （一）专业人才、管理人才、领导人才的区分

为什么很多业务明星做不好管理者，有几个原因：

### 1. 专业人才和管理人才的区别

做事情的出发点不一样，专业人才的出发点是兴趣和爱好，他做不做这件事，关键看他心情好不好，他喜不喜欢做。但是对于管理人员来说，他做一件事情的出发点是这件事情应不应该做，该做就得做。所以对于一个管理人员来说，任何时候他都在工作状态，比如今天过节了，可能得去陪这个员工，一起看联欢晚会，虽然家里人也在等他，但是这个岗位职责需要他这么做，所以他就得去。

### 2. 管理人才和领导人才的区别

而管理人才和领导人才也有很大的区别，不是所有的管理人才都适合做领导的。

管理人才和领导人才的几个区别点如下：

（1）管理是向内看组织驱动。很多老板不懂，觉得这个家伙脑袋灵活，策划很好，想法很多，就提他做经理。可能他想法是很多，但就是做不到，他策划很好但执行不下去，因为他推动不了团队来达成目标。比如部队的组织结构，在部队里写作战计划、搞策划的是参谋，而他的指挥官负责驱动组织，带动这些人去完成这些计划。在企业里面也是一样的，超大型的企业，他们都会请麦肯锡、罗兰贝格专业公司给他们做战略规划，比如 5 年战略、10 年战略，策划部分交给别人去做，而他们的管理者是带动这个组织按照这个计划去达成目标，这才是管理者的核心任务。管理能力的背后就是他的组织的驱动能力，能不能让大家完成目标，让大家一起来完成公司的目标。

（2）管理是向内看组织驱动，领导人的任务是向外看，寻找方向，一个领导人的关键是找到方向。一个领导人的任务就是给组织找到方向、目标，去定义组织的方向、目标。我们企业做什么，领导人需要不断地去回答这个问题，告诉所有人我们公司是干什么的，我们的目标是什么。这是一种天赋特质，不是所有的人都能有这种战略天赋的。

## （二）管理干部的天赋识别

### 1. 他为什么要当领导

当我们理解完这些以后，就会清楚在组织里有三个层次，都有不同的分工。那么我们在选拔管理人员时，就要看他的天赋特质，核心的关键在哪里，既然他要做组织驱动，那么我们就去问他问题，比如说："请问你为什么要当经理，你的动力来自哪里？"他的答案一定是集中在人的身上。"我做经理最快乐的事情，就是看到下属的成长，我看到我能培养一批优秀的人出来，我看到这些人在我的手下能取得很好的成绩。"这是关键点。有人说当经理威风，说这话的人焦点是在自己身上，他怎么能培养别人？

### 2. 他眼里是否有别人

把焦点放自己身上的业务明星，让他来做经理，结局就是整个部门还是他最厉害，但他培养不出更优秀的人，他眼里只有自己。所以我们的判断标准就是，看这个人有没有像一个教练似的思考？他有没有为别人的成绩而兴奋？有没有为别人的成长而兴奋？他做管理是不是动力来自这里？他对人有没有敏感度？他能不能看到别人的长处？如果一个人天天讲，这几个人不行，那个不行，他眼里总是别人的缺点，那他就做不好管理。一个眼里只有别人缺点的人，怎么能去带动别人的成长和发展？他怎么能发挥别人的优势？

其实，只要我们用心去识别，用心去挖掘，想一想公司里面，下属里面，哪些人有这样的特质，能够影响别人的情感，驱动别人工作，能够看到别人的闪光点，为别人的成长而兴奋、而高兴，他就是可以被选拔的管理人才。

## （三）管理干部的梯队化建设体系

### 1. 培养领导干部的紧迫性

管理干部的培养这个事情好像看不见摸不着，又不知道怎么做，所以常被很多人忽略，所以干部培养必须成为一种流程化的工作体系，才能保证这条流水线持续不断地生产。大企业要搞这套，小企业也要搞，三五个人的公司也一样可以做这套接班人的培养系统，只有这样公司才能持续发展。

**2. 建立管理模板**

要培养干部，首先要知道干部该有哪些能力，有哪些要求，敬业团队打造十二级台阶，就是一套操作的基本模板、管理的入门地图。要想培养管理者，就必须按这个模板走，这样至少能保证他的管理技术不会太差。

**3. 梯队建设**

（1）储备体制。在企业里面，所有的管理岗位的背后，都要找到储备的队伍，在企业里叫储备干部、预备干部，预备干部是一个很好用的单元。预备干部也不止一个，可以有好几个，好处在于：他在预备干部这个位子上，你可以让他承担一些管理工作，可以去试他，如果他做得好，提上去会比较顺利，万一做不好，不上去就是，也没有太大的问题；但是如果你不搞这一套，把一个员工直接提去当经理，然后你发现他不合适，这是最痛苦的，因为想要他下来，这在中国人的眼里是不可接受的事情，他肯定跑了，你不让他下来，占着那个位子你难受，他又做不好事。所以，建立这样一个预备干部的台阶，就是给他一个比较灵活的过程，可上可下，而且这是一个考核的过程，放他在那里几个月，你就知道到底做得怎么样。试一下确实不合适，只能先放在那，他也不会太难受，你也不会太难受。

这样的一个梯队的模型，也意味着一件事情：从老总到基层经理，每个岗位都有能成为接班人的对象，这样才能形成层次建设，万一真的哪个岗位出问题，至少马上有人知道谁能够第一时间补上。而在这个过程当中，就可以给他提前进行各种各样的相关的训练，这样可以让我们找到比较好的一个途径。

（2）定期淘汰。有储备当然也有淘汰，其实一个组织能不能发展，很重要一个东西是能不能持续地新陈代谢。

很多企业很怕换干部，怕换干部的原因是因为下面没有准备好，如果准备好了，根本就不用怕，而且还希望早点换，换一个新鲜力量上来，他可以带来新思维、新动力、新的因素和激励。有时候企业里也可以做一个这样的定期的淘汰体制。

（3）定期去招聘。比如每隔两个月搞一次招聘，哪怕公司里什么岗位都不缺，也可以做，把它变成一种常态化的制度。也许现在岗位都不缺，但是通过招聘可能会发现一两个优秀的人才，可以把他引进来。很多事情不要等发生了再去解决，最好的管理是定期化地持续去做，这样发生问题的时候，就可以很从容地应对。

隔两个月去招聘，发现几个优秀的苗子，把他弄进来，好的直接可以替代，差一点的可以拿来储备，保持这样一种自然的流动性，这个队伍才有活力。

（4）常规化、流程化、标准化。我们企业家也是一样的，我们做企业的终极目的是希望有一天哪怕你不在的时候公司也能运转，哪怕创始人不在现场，它也能依然运转，那它背后就是一个组织层次的发展问题。所以，不管我们是什么身份，一定要用职业经理人身份来工作。

**4.培训内容**

（1）丰富的知识。作为管理干部要具备一定的知识，也就是说他那个角色定位是什么，管理岗位是做什么的，管理人才的特质是什么，管理的任务是什么，等等，这叫知识。

（2）熟练的技巧。第二个是培养他一套技能良好的习惯。这种东西是定期化的，比如我们的企业每个月都会做培训，这十二级台阶每个月都做，不断去强化、不断去反复。所以，培养干部其实不难，关键是要变成一套标准化的流程，给他方法，再给他一个成长的环境，给他定期培训，给他定期实践，给他一些小的项目去承担职能，然后去给他做评估考核，就这么简单。

民营企业做管理一定要尽可能地把它简单化，不需要很复杂的招数，也不需要很复杂的手段，更重要的是把基本功做好，基本上就差不离了。这就是干部培养的基本的一些要素。

（3）正面的态度。干部是要求出来的，因为一个干部做的很多事情，是他过去没有经历过的。当一个人在做一些边缘的事情的时候，一些没有经历过的事情的时候，他会有恐惧感，会有压力，他自然会退缩，所以这个时候要逼他一下，推一下。干部是带出来的，也是要求出来的，要敢于要求，要求他们做更多的东西。

管理干部也是折腾出来的，培养管理干部就是不断地放到各种岗位上锻炼他，给他任务，看他的适应能力，因为组织都在变化，何况干部？很多企业组织两年就一变，以前是事业部制，现在搞分公司体制，新产品项目制、矩阵式，组织都在不断地变化，没有适应力，就很难开展工作。

很多人害怕变化，一定要注意，企业永远都在变化，聪明的干部是适应变化，而不是抗拒变化。适应越快，人发展得越好，因为在变化的过程当中，才可以发现这个人的调试能力。所以老板一定学会利用每一个机会去考察干部，去为未来做培养。

## （四）管理干部的三大能力与六大素质的要求

### 1. 管理干部的三大能力

（1）基础板块：业务能力。基础板块就是业务能力、专业能力，专业能力体现在很多地方，比如业务必须过关，不是所有的业务明星都适合做管理，但要想做好一个中基层的管理人员，业务要比较过硬。就像乒乓球教练，不会打乒乓球，很难当好乒乓球教练，哪怕没拿过冠军，至少也要曾经是国家队的选手，才能培养出国家队水平的选手。

（2）管理能力，管理能力体现在：

第一，做应该做的事。首先看他的角色意识，是否在做应该做的事；看他的工作沟通，他为什么做这件事，他有没有这样的意识，他为什么做这个决定；看他的想法，他思考的出发点，这需要沟通。

第二，承担责任是走向成熟的开始。承担责任是成熟的开始，因此还得看他能不能承担责任。据调查，女孩子在选老公的时候有很多标准，但排在第一基本上是这个男人要有责任心，这是一个人走向成熟的开始。

第三，自我管理，做下属的榜样。他能不能做好下属的榜样，管理人员是员工的人生导师，员工的管理是从他身上传承下去的，他必须是员工的榜样。

第四，扮演好角色——任何时候都在工作。一个好的管理人员，一定要有强烈的角色意识，管理有时候就是一场表演，管理者永远站在舞台的正中央。对于一个管理人员来说，任何时刻都在工作。

培训是建立管理权威最有效的一个方式，很多干部说手下员工不服，很简单，给他们培训，上一遍课，看他服不服。只要上完课，他觉得你的能力比他强，你能讲出新东西，他自然就会服你。你什么都不懂，怎么可能建立管理权威。管理权威的建立基础就是培训能力，所以优秀的干部永远是那些能够培养你更强的人。

一个干部要成长，要发展这种培训能力，因为公司以前是一对一沟通，但是公司做大以后，团队做大以后，一个管理一万人的公司，还一对一沟通根本来不及，必须学会会议沟通，这是最高效的沟通方式。在培训的过程当中，不断去积淀和成长。很多好领导都是培训高手，比如杰克·韦尔奇就是培训高手，他把自己管理的东西向下传承和复制，这才是关键。

总之，先过业务关，然后过管理关，做高层干部就要过培训关，把你的经验传承出去。因为你本身是业务明星，你有很多经验，你能传承出来对公司更有价值，否则你永远是一个业务明星，而不是一个优秀的管理者。

**2. 六大素质**

（1）政治素质。政治素质很简单，其实它与企业战略保持高度一致，因为在这个年代，唯一不变的就是变化。企业的战略经常在变，一个聪明的干部一定是永远跟着企业的步伐，老板站在前面决定战略，因为他看到市场的环境，看到未来，他有方向，说我们公司要往这个方向走，作为干部，要学会以最快的速度去适应调试。

比如现在都在讲科学发展观，要保护环境，平衡发展，如果哪个人还在讲不要环境，只要赚钱，只要经济发展，污染大一点没关系。这样的话现在无人敢说了，这是政治素质。换句话说，经理职业人一个基本的能力，就是学会让老板放心。

（2）思想素质。它是一种利益观念，牺牲小我，成就大我，成就企业。一个团队的凝聚力之所以有差别的最大原因就来自于利益观念。很多人只注重眼前利益，只注重部门利益，只注重个人利益，而忽略了公司利益。

（3）心理素质。其实心理素质说起来很简单，现代人的工作压力很大，尤其是管理干部要承担很大的压力。你要敢于严格管理，严格管理就意味着你要承受巨大的心理上的考验和挑战，这就是心理素质。因此领导干部要主动工作，百折不挠，坚定目标，保持积极乐观的心态，因为情绪是业绩的根源。

（4）专业素质。认真是一种态度，你的对手决定你的水平；能力不练就作废，不展现就没机会；成长比成功更重要；不舒服就是成长突破的开始；领导人要学会敢于接受挑战，让自己的专业素养得到成长、得到提高。

（5）财务素质。领导干部永远不要在财务问题上出问题，这是一个底线，也是一个职业经理人的道德底线，这是最要命的一个东西。领导干部要公私分明，敢于吃亏。

（6）身体素质。作为一个领导干部，你的身体不属于你自己，是属于整个团队的，三天两头请假，动不动就生病，很难承担管理这个岗位。一个职业运动员，是很爱惜自己的身体的，一个职业的管理者，也要会很爱惜自己的身体。

总之，政治素质是忠；思想素质是德；心理素质是韧；专业素质是熟；财务素质是廉；身体素质是健。

# 第二节　打造管理升级 3.0 系统

管理是人类社会发展到一定阶段后，人们自觉由无序到有序的一种活动。管理学是一门系统地研究管理过程的普遍规律、基本原理和一般方法的科学。管理学有别于其他种种专门管理学，它从各种不同的组织中概括、抽象、提炼出共同的东西，并形成系统的理论。管理学广泛运用自然科学、社会科学以及其他现代科学技术成果，是对前人的管理实践、管理思想和管理理论的总结、扬弃和发展。割断历史，不了解前人对管理经验的理论总结和管理历史，就难以很好地理解、把握和运用管理学。管理学又是一门应用性科学，它的理论与方法要通过实践来检验其有效性。有效的管理理论与方法只有通过实践，才能带来实效，发挥其指导实际工作的作用，并在不断反复的实践中，完善管理学的理论和方法。在我国推进管理创新的过程中，必须要实现对中国传统管理思想的继承、西方科学管理体系的借鉴，才能避免出现厚此薄彼、盲人摸象的现象，为管理创新打下坚实的理论和实践基础。

## 一、向老子学管理

我国的传统文化源远流长，博大精深，儒家、道家、法家等思想，都是我国传统文化的组成部分，其中蕴藏着许多哲学思想和道理，这些思想始终贯穿着中国古代的管理实践，涉及行政、经济、军事、文化、家庭等社会的各个方面和层次，对我国管理有着极其重要的影响。如：西周时期量入以为出的财政思想，秦汉初年的集权、限田管理思想，司马迁的经济放任主张，贾思勰的《齐民要术》，王安石的经济改革政策，张居正的经济改革思想等。他们无论是治国之道，还是治生之道，都内容丰富，脉络清晰，影响深远，是中华民族灿烂文化的结晶。但客观上讲，中国的管理活动虽然源远流长，却始终没有形成一个比较完整的管理理论体系，其主要成就是提出了许多管理理念，对于后来形成管理理论打下一定的思想基础。

综观中国古代诸家的管理思想及理论不外乎是儒、墨、法、农、道之说的反映和体现。在社会历史进程中，对于如何管理和组织社会经济生活，它们相互影响，相互渗透，众说纷纭，学派沉浮。但是，经过千百年的发展演变，他们的思想和观点确有其不容置疑的成就和价值，共同构成了我国传统管理的理论基础。

1988 年七十多位诺贝尔奖获得者云集法国，发表声明："在 21 世纪人类要想生存，一定要回首 2500 多年前，去向孔子汲取生存的智慧。"

中国传统的管理思想分为宏观管理的治国学和微观管理的治生学。治国学为适应中央集权的封建国家的需要而产生，治生学则是在生产发展和经济运行的基础上通过官、民的实践逐步积累起来的，其管理思想理念包括以下几个方面：

## （一）遵循管理之"道"

道在汉语中有多种含义，其中的一个解释是指方向，比如志同道合，意为方向性是一致的。在这里的"道"是说管理应该顺应客观经济规律。《孙子兵法》中开篇就指出了道的重要性，将其视为将帅必知的"五经"之首。五经包括道、天、地、将、法。管子曰："道也者，上可以导民也"，进一步阐明了道的核心是人，强烈推崇民本精神，认为领导者应该以道为心，要求管理者必须把国家和人民的利益作为根本的指导思想，只有这样才能实现上下同心的管理目标。道家主张顺应自然，说"辅万物之自然"，一年中的四季是没有办法变更顺序的，所以把管理称为"天治主义"，而儒家称为"人治主义"。

清代的曾国藩更提出："长吏多从耕田凿井而来，视民事须如家事；吾曹同讲补过尽忠之道，凛心箴即是官箴。"

## （二）强调管理的重人理念

要夺取天下，办成事业，人是第一位的。所以中国传统的管理思想也提出"重人"的思想，看重人心相背，看重人才归离。认为一旦重视人，曾经离开你的人也会重新向你靠拢，反对你的人和曾经误解你的人，他们而后都会走到你的麾下，"得道多助失道寡助"。孔子的民本思想指出必须要重视人才能统治天下。荀子说我们要进行管理，就必须实行"人治"，高明的管理者通过人治就能够治人，就能够统治他们，阐述了管理是极富创造性的工作，而不能用一些规章制度去桎梏人，应该把人的积极性调动起来。这与韩非子提倡的"法治"有本质区别。不重视人才、不关注民生的王朝长不了，管子曰："政之所心，在顺民心"。孟子从政治的角度指出，能否得到众人的支持是政权巩固与否的关键，高度强调"人治"管理的重要，提出"民贵君轻"，体现了民本思想。此外，我国古代思想家非常重视人和的问题，即调整人际关系。汉语词典中人和含义也很多，其中就有协调，平息事端的解释。在数学中和是加、总的意思，就是说人际关系搞好了，帮助你的人就会越来越多，我们说"朋友多了路好走""家和万事兴"等。孔子说管理者在了解下情时，要了解对方之"所以"，之"所由"，了解此人所处什么样的社会环境、交往的是些什么样的人，他本人的行为方式是怎样的等等。所以孔子提醒说不能只看他人际关系好就重用提拔，用人也要慎之又慎。管子说"上下不和，虽安必危"，管理者也一定要处理好自己与下级之间、协调好同事与同事之间的关系。

## （三）崇尚"守信"品德

信是指诚实而不欺骗。对于领导者来讲包括威信和解决问题时的信用两个方面。威信靠信用换取，威信怎样树立呢？领导者要清楚威信不是靠你的权力来支撑，而是在你退休后人们还能依然尊敬你，力求不要落到"门前冷落鞍马稀"的境地。威信靠处事信用、自身魅力达成。孔子说"君子信而后劳其民"，管子特别强调要"不行不可复"，管理者只有以自己的诚信才能换来群众中的威信，这就是"以信换信"。

曾国藩选人用人的三大原则：选人切勿眼光过高；首选忠义血性之人；德才

兼备，以德为本。

### （四）强化理性思考与思维创新

对于一个管理者来说，做决定时要经过科学的思考、分析，领导要有方，不能信口开河。"运筹策帷帐之中，决胜于千里之外"，首先要清楚了解自己所处于的环境，然后制定好对策。孙子说"知己知彼百战不殆"，孔子也提出了解对方情况的几个方法，比如"相敌"，也就是我们今天说的直接观察法，"作之"即投石问路法、"形之"即诱敌深入法、"角之"即实际较量法，而最终管理者都离不开"策之"即分析研究法。当然，用这些方法时还要考虑敌方是否会上当，所以提出要展开想象，拓展思维。比如诸葛亮唱的空城计，要不是遇见司马懿还能成功吗？要换了周瑜说我就不信你的胆子真有这么大，那对付周瑜就必须另用计策了。

尽管我国早期对管理的研究还较为零碎，没有形成一个完整的管理理论体系，但管理理论的萌芽已见雏形，表明了管理理论的形成和发展是管理实践活动的经验概括和理论总结。

墨子梳理出六种最基本的社会关系，并提出相应的平衡之道：自我关系的平衡，修身；家庭关系的平衡，节葬；君士关系的平衡，尚贤；君民关系的平衡，节用；上下级关系的平衡，尚同；国际关系的平衡，非攻。

## 二、向泰罗学管理

管理在西方作为一种职能是奴隶制兴起的直接产物，较高一级的管理产生于希腊和罗马帝国时代。古罗马人的伟大之处在于他们利用等级原理和委任、授权办法，把罗马城扩展为一个前所未有的、组织效率很高的罗马帝国。人类管理思想的演进标志着人类最初为求得生存而产生的自觉意识，经过历史的锤炼——成功和失败考验的螺旋式上升，最终成为人类社会前行的灯塔。把管理思想升华为一门科学，以此构建管理学学科大厦，是由发端于19世纪末现代工厂制度下的"泰罗科学主义"完成的。西方管理自初步形成理论以来，已经历了一个多世纪的演变，从泰罗对于工厂的科学管理到今天对于全球化、知识化、信息化的企业管理，其间凝结了无数管理实践者与思想者的汗水与心血。

西方的管理思想和学说按产生的时期可以分为三类：第一类是古典管理理论，主要包括泰罗的科学管理理论、法约尔的一般管理理论和韦伯的组织理论等；第二类是行为管理理论，发端于20世纪二三十年代产生的人际关系学说，而后发展成为行为科学；第三类是当代的各种管理理论，产生和形成于第二次世界大战前后至今。这三类理论只是产生的时期有先后，并不是截然分开的三个阶段。它们相互影响，继承演变，形成各种流派。根据不同的逻辑起点，管理学的理论研究有两个范式，一个是以组织的效率为起点，另一个是以人的需要为起点。前者被称为科学主义范式，后者被称为人本主义范式。科学主义范式是以组织的存在为根本，把人纳入组织，人的存在就是为了提高组织效率；人本主义范式把人的存在和需要作为根本，通过满足人的需要来实现组织目标。

西方的管理思想和管理实践经历了五个阶段的发展创新：

## （一）古典管理理论阶段（20世纪初到30年代）

这一阶段是管理理论最初形成阶段。其间，在美国、法国、德国分别活跃着具有奠基人地位的管理大师，即"科学管理之父"——泰罗、"管理理论之父"——法约尔以及"组织理论之父"——马克斯·韦伯。

泰罗重点研究在工厂管理中如何提高效率，代表著作是《科学管理原理》，科学管理的理论要点具体包括：科学管理的中心问题是提高劳动生产率，为此必须配备"第一流的工人"，并且要使他们掌握标准化的操作方法；对工人的激励采取"有差别的计件工资制"；工人和雇主双方都必须来一次"心理革命"，变对抗为信任，共同为提高劳动生产率而努力；把计划职能同执行职能相分开，变原来的经验工作方法为科学工作方法；实行职能工长制；在管理控制上实行例外原则。

法约尔的理论贡献体现在他的著作《工业管理与一般管理》当中，他从四个方面阐述了管理理论：企业职能不同于管理职能，后者包含在前者之中；管理教育的必要性与可能性；分工、职员与职权、纪律等管理十四条原则；管理五要素问题。其中，管理组织与管理过程职能划分理论，对后来的管理理论研究具有深远影响。马克斯·韦伯则主张建立一种高度结构化的、正式的、非人格化的"理想的行政组织体系"，他认为这是对个人进行强制控制的最合理手段，是达到目标、提高劳动生产率的最有效形式，而且在精确性、稳定性、纪律性和可靠性方面优于其他组织。他的这一套思想体现在其著作《社会和经济理论》之中。

上述三位及其他一些先驱者创立的古典管理理论被以后的许多管理学者研究和传播，并加以系统化。其中贡献较为突出的是英国的厄威克与美国的古利克，前者提出了适用于一切组织的十条原则，后者概括提出了"POSDCRB"，即管理的七项职能——计划、组织、人事、指挥、协调、报告和预算。在实践上，各个公司开始将理论付诸行动，通用汽车公司总裁斯隆对公司的改组——采用集中控制下的分权制，建立事业部，成为分权的首位实践者。

科学管理理论的形成实现了经验管理向科学管理的提升与转变。首先是对传统管理思想的彻底否定。泰罗科学管理的思想是对数千年传统管理思想彻底的颠覆和创新性的破坏。因为泰罗的理论既从根本上否定了长期以来管理者高人一等、管理者和员工是两个完全不同的阶层的传统观点，也从大生产的需要出发，否定了仅凭个人见解或个人知识经验进行作坊式小生产的管理方法，要求"用准确的科学研究和知识"实施管理或传授生产技能，从而为科学地、按大生产的需要对员工进行系统培训奠定了思想基础。其次是界定了管理学理论研究的基本范畴。泰罗认为，组织内部的人与人关系的协调是管理工作的重点。法约尔更为清晰地指出，管理工作与其他职能工作最大的不同之处在于与人和与物打交道的差异。在企业的管理工作中存在两类不同的工作，一类是专与人打交道的管理工作，还有一类是与物有关的其他职能工作。所以说，作为管理学理论，其研究对象是组织，研究的核心问题是人、组织、组织中的人的问题，研究的范畴就是分析组织的运行，为组织健康成长与发展提供思想、理论和方法。再有是确定了管理工作的基本内涵。泰罗将科学管理的内容视为人际关系的协调和科学取代经验的实现；法约尔将计划、组织、指挥、协调和控制视为组织管理工作的五大职能。在后续的研究中，这五大职能逐渐转变为计划、组织、领导和控制四项职能。概括地看，可以将组织的计划与控制职能看作是对组织外部环境的分析、了解和把握，以确定组织的发展方向和战略以及战略的执行；而组织和领导职能是对组织内部的分析、了解和掌控，以实现组织目标与组织成员个人目标的协同。当然，这四大职能在日常管理工作中也相辅相成、环环相扣，共同承担着组织的运行和发展工作。

虽然人类管理工作的科学化是从企业这类组织突破和进行的，但在管理学界的努力和推动下，泰罗和法约尔首创特别是法约尔所深化完善的管理学思想和理论，已经成为各类组织管理理论的基础，管理学理论在这样一个基础层面实现了其科学化。但是，古典管理理论阶段的研究侧重于从管理职能、组织方式等方面研究效率问题，对人的心理因素考虑很少或根本不去考虑。

## （二）行为科学理论及管理理论丛林阶段（20世纪30年代到60年代）

20世纪20年代末到30年代初全世界出现经济大危机，在美国，罗斯福政府从宏观上对经济实施管制，管理学者们则开始从微观上研究造成企业效率下降的影响因素。

行为科学理论阶段重视研究人的心理、行为等对高效率地实现组织目标（效果）的影响作用。这些研究起源于以梅奥为首的美国国家研究委员会与西方电气公司合作进行的霍桑实验，该实验的结论——职工是"社会人"而非"经济人"，企业中存在着"非正式组织"，新型的领导能力在于提高职工的满足度，存在霍桑效应等——引起了管理学者对人的行为的兴趣，从而促进了行为科学理论的发展，该理论主要研究个体行为、团体行为与组织行为。

该时期具有代表性的、到今天依然非常著名的理论成果包括：

（1）马斯洛的需求层次理论：人的需求分为生理的需求、安定或安全的需求、社交和爱情的需求、自尊与受人尊重的需求以及自我实现的需求等五个层次，当某一层次的需求满足之后，该需求就不再具有激励作用。在任何时候，主管人员都必须随时因人而异地对待人们的各种需求。

（2）赫次伯格的双因素理论把影响人员行为绩效的因素分为"保健因素"与"激励因素"。前者指"得到后则没有不满，得不到则产生不满"的因素，后者指"得到后则感到满意，得不到则没有不满"的因素。主管人员必须抓住能促使职工满意的因素。

（3）麦克莱兰的激励需求理论指出，任何一个组织都代表了实现某种目标而集合在一起的工作群体，不同层次的人具有不同的需求，因此，主管人员要根据不同人的不同需求来激励，尤其应设法提高人们的成就需要。

（4）麦格雷戈的"X 理论–Y 理论"是专门研究企业中人的特性问题的理论。X 理论是对"经济人"假设的概括，而 Y 理论是根据"社会人""自我实现人"的假设，并归纳了马斯洛理论与其他类似观点后提出的，是行为科学理论中较有代表性的观点。随着对人的假设发展至"复杂人"，又有人提出了超 Y 理论。

（5）波特–劳勒模式由波特和劳勒合作提出，认为激励不是一种简单的因素关系，人们努力的程度取决于报酬的价值、自认为所需要的能力及实际得到报酬的可能性，管理者应当仔细评价其报酬结构，把"努力—成绩—报酬—满足"这一连锁关系结合到整个管理系统中去。

20 世纪 40 年代到 60 年代，美国国势与经济水平都得到了大幅度的发展，除了行为科学理论得到长足发展以外，许多管理学者（包括社会学家、数学家、人类学家、计量学家等）都从各自不同的角度发表自己对管理学的见解。其中较有影响的是以巴纳德为创始人的社会合作系统学派、西蒙为代表的决策学派以及德鲁克为代表的经验（案例）学派等，到 20 世纪 80 年代初发展为十一大不同学派，被称为"管理理论丛林"。

同一时期，由于经济的发展、市场的繁荣促使卖方市场开始向买方市场转变，于是，由美国质量管理专家费根堡姆首倡的全面质量管理（TQM）"始于顾客，终于顾客"的思想开始引起管理界的重视，并为世界各国广为传播和接受。与其说 TQM 是质量管理，莫如说它是以质量为中心的企业管理，而质量好坏的评判是由顾客说了算的，因此需要首先从外部了解需要，然后实施内部质量控制，最后落脚于"顾客满意"。

## （三）以战略管理为主的研究企业组织与环境关系的时代（20 世纪 60 年代中后期到 80 年代初）

20 世纪 60 年代末到 70 年代初，美国经济内临石油危机，外遇崛起的日本及欧洲的挑战，科技竞争愈演愈烈，管理学界开始重点研究如何适应充满危机和动荡的环境的不断变化，谋求企业的生存发展，并获取竞争优势。较为突出的是，来自战争的词汇——"战略"开始引入管理界。这一期间的管理理论有以下的发展：

安索夫《公司战略》一书的问世，开创了战略规划的先河。待到1975年，安索夫的《战略规划到战略管理》出版，标志着现代战略管理理论体系的形成。该书中将战略管理明确解释为"企业高层管理者为保证企业的持续生存和发展，通过对企业外部环境与内部条件的分析，对企业全部经营活动所进行的根本性和长远性的规划与指导"。他认为，战略管理与以往经营管理不同之处在于面向未来，动态地、连续地完成从决策到实现的过程。

论述企业组织与外部环境关系的著作还有劳伦斯与罗斯奇合著的《组织与环境》，提出公司要有应变计划，以求在变化及不确定的环境中得以生存；卡斯特与罗森茨韦克的《组织与管理——系统权变的观点》虽是权变理论学派的代表作，但其分析的问题亦是从长期角度看待企业如何适应环境，认为在企业管理中要根据企业所处的内外条件随机应变，组织应在稳定性、持续性、适应性、革新性之间保持动态的平衡。

迈克尔·波特的《竞争战略》可谓把战略管理的理论推向了高峰，书中许多思想被视为战略管理理论的经典，比如五种竞争力（进入威胁、替代威胁、买方砍价能力、供方砍价能力和现有竞争对手的竞争）、三种基本战略（成本领先、标新立异和目标集聚）、价值链的分析等。通过对产业演进的说明和各种基本产业环境的分析，得出不同的战略决策。这一套理论与思想在全球范围产生了深远的影响。《竞争战略》与后来的《竞争优势》以及《国家竞争优势》成为著名的"波特三部曲"，中国的管理学研究者以及很多实际管理工作者对此都不陌生。

## （四）企业再造时代（20世纪80年代到90年代初期）

20世纪80年代，随着人们受教育水平的日益提高，随着信息技术越来越多地被用于企业管理，三四十年代形成的企业组织愈来愈不能适应新的、竞争日益激烈的环境，管理学界提出要在企业管理的制度、流程、组织、文化等方方面面进行创新。美国企业从20世纪80年代起开始了大规模的"企业重组革命"，日本企业也于20世纪90年代开始进行所谓"第二次管理革命"。这十几年间，企业管理经历着前所未有的，类似脱胎换骨的变革。

实践先于理论的产生，企业再造理论的最终构架由迈克尔·海默博士与詹姆斯·昌佩完成。他们在其合著的《再造企业——管理革命的宣言书》中阐述了这一理论：现代企业普遍存在着"大企业病"，面对日新月异的变化与激烈的竞争，要提高企业的运营状况与效率，迫切需要"脱胎换骨"式的革命，只有这样才能回应生存与发展的挑战；企业再造的首要任务是BPR——业务流程重组，它是企业重新获得竞争优势与生存活力的有效途径；BPR的实施又需两大基础，即现代信息技术与高素质的人才，以BPR为起点的"企业再造"工程将创造出一个全新的工作世界。

在上述二人的合著出版前的1990年，《哈佛商业评论》杂志就发表了海默的文章《改造工作：不要自动化，而要推翻重来》。海默批评了企业在改造中常犯的错误，即运用信息技术加速已落后了几十年（甚至几百年）的工作流程，指出要对流程进行重新思考，并提出了改造的七项原则。由于其为再造工程所做出的理论贡献，海默本人被美国《商业周刊》评为20世纪90年代最具影响力的"四大管理宗师"之一。

除海默之外，还有许多管理学家在为企业再造做咨询工作的同时，撰写文章。1993年11月至12月的《哈佛商业评论》上，发表了特蕾西·高斯、理查德·帕斯卡及安托尼·阿瑟斯的《重新创业的过山车——为更有力的明天在今天冒险》，其中特别强调，改造不是改变现在已有的，而是要创造现在所没有的。1993年底，小林裕以专著《企业经营再造工程》完成了日本管理学界对这一时期管理理论与实践的总结。

## （五）全球化和知识经济时代的组织管理（20世纪90年代以后）

20世纪80年代末以来，信息化和全球化浪潮迅速席卷世界，跨国公司力量逐日上升，跨国经营也成为大公司发展的重要战略，跨国投资不断增加。知识经济的到来使信息与知识成为重要的战略资源，而信息技术的发展又为获取这些资源提供了可能；顾客的个性化、消费的多元化决定了企业只有能够合理组织全球资源，在全球市场上争得顾客的投票，才有生存和发展的可能。这一阶段的管理理论研究主要针对学习型组织及虚拟组织问题而展开。

1990 年，彼德·圣吉所著的《第五项修炼》出版，该书的主要内容旨在说明：企业唯一持久的竞争优势源于比竞争对手学得更快更好的能力，学习型组织正是人们从工作中获得生命意义、实现共同愿望和获取竞争优势的组织蓝图；要想建立学习型组织，系统思考是必不可少的"修炼"。该书出版不久，即在全球范围内引起轰动，并于 1992 年荣获世界企业管理协会最高荣誉奖——开拓奖，作者本人也被冠以 20 世纪 90 年代的"管理学宗师"。

在阿里·德赫斯所著的《长寿公司》一书中，作者通过考察 40 家国际长寿公司，得出结论——"成功的公司是能够有效学习的公司"，在他看来，知识是未来的资本，只有学习才能为不断的变革做好准备；此外，罗勃特·奥伯莱与保罗·科恩合著的《管理的智慧》则描述了管理者在学习型组织中角色的变化——他们不仅要学会管理学习的技巧，也要使自己扮演学习的领导者、师傅和教师等多重角色。

除了学习型组织，20 世纪 90 年代还有一个热点——虚拟组织。1990 年《哈佛商业评论》第 6 期发表文章《公司核心能力》，作者建议公司将经营的焦点放在不易被抄袭的核心能力上，由此引发后来的"虚拟组织"热。虚拟组织与传统的实体组织不同，它围绕核心能力，利用计算机信息技术、网络技术及通信技术与全球企业进行互补、互利的合作，合作目的达到后，合作关系随即解散，通过此种形式能够快速获取处于全球各处的资源为我所用，从而缩短"从观念到现金流"的周期；不仅如此，灵活的"虚拟组织"可避免环境的剧烈变动给组织带来的冲击。1994 年出版的由史蒂文·L·戈德曼、罗杰·N·内格尔及肯尼斯·普瑞斯合著的《灵捷竞争者与虚拟组织》是反映虚拟组织理论与实践的较有代表性的著作。

韦尔奇的四项管理原则：

1. 弹性：韦尔奇认为果断与弹性并不矛盾，管理模式和经营理念必须因主客观环境的改变而改变，这使全球市值最高的 GE 公司仍然保持了难得的活力和灵活性。他甚至提出，公司的任何一项业务如果不能在该行业的市场份额占据前三位，或不能够赢利，就应当坚决退出。这一引起众多争议的苛刻标准，却并没有导致公司营业额的下降，反而使专注于核心业务的 GE 竞争力更加强大，赢利状况更好。

2. 条理：韦尔奇非常善于将工作安排得极有条理，他将每年度的会议乃至每天的工作都安排得科学而紧凑，在繁忙的工作中还能得到预期的效果。

3. 沟通：韦尔奇最成功的地方，是他在 GE 公司建立起非正式沟通的企业文化。他经常"微服私访"，甚至可能直接给全球 34 万名员工中的任何一位写信或打电话，人们都用"杰克"来称呼他。不仅对雇员，对顾客也是如此。他最常引用的例子，就是要大家拿出开"杂货店"的心态来经营 GE。杂货店的特色是顾客第一，没有架子，没那么多繁文缛节。

4. 教育：韦尔奇极其重视员工的在职训练和教育工作，使 GE 一直拥有引以为豪的人力资源。GE 公司每年在员工培训上投入巨大，并以培养高层管理人员著称，以至 GE 被称作 CEO 的摇篮。

韦尔奇的这些管理原则，不但使 GE 成为强大而备受尊敬的公司，也为管理界留下很好的典范。

## 三、构建 3.0 管理系统——构建中国人自己的管理体系

管理学的兴旺发达与国家政治、经济的强大是密切相关的。如果把中国传统管理思想作为人类管理的 1.0 初级版，把西方管理思想作为 2.0 的中级版，中国在实现中华民族伟大复兴的过程中，必须从中国的具体实际出发，学习和借鉴世界上一切人类优秀管理思想的成果，创造性地构建中国人自己的 3.0 版管理体系，为人类管理思想的发展做出应有的贡献。

### （一）中国传统管理、西方管理与红色管理比较研究

#### 1. 西方管理明显开始"东化"

西方管理学一向以科学管理见长，可近年来也开始提倡"少一点管理，多一点领导"，强调"21 世纪的管理将主要靠文化管理"。管理学家如果不谈点企业文化，还在讲"大棒加胡萝卜"，会被讥为"学术落后""不合时宜"。甚至

像"以德服人"、探寻管理之"道"等中国传统词汇，也开始频繁出现在西方管理学的新著中。

近年来，西方管理也开始探讨民主管理问题。管理大师德鲁克生前就曾表示，民主管理是他一生中最重要的发现。通过民主管理，可以充分培养广大员工的主人翁精神，发挥他们的聪明才智，有效防止各种消极现象发生。可惜，这一重要思想当时未引起重视，德鲁克为此终身遗憾。

**2. 西方管理科学长于管物，弱在管人**

西方的管理学与经济学同祖，都以亚当·斯密的理性"经济人"为基本人性假设。所谓理性的"经济人"，是说人都是自私的，首先考虑个人的物质利益，而且能理性地分析客观环境，做出对自己最有利的决定。从理性"经济人"假设出发，对人的管理只能有一种办法，那就是"大棒加胡萝卜"：你不是自私吗？不是首先考虑个人的物质利益吗？不是工于算计吗？那好，我就设出一套机制，诱导你按我的意愿去行动。你听话且做得好，便给些甜头作为奖励，做得不好就"大棒子"伺候。被管理者大都是明白人，知道在这种机制下如何行事对自己最有利，自然会按管理者的要求努力工作。

"大棒加胡萝卜"式的管理思路在逻辑上成立。可要想用得好，切实发挥作用，还需具体的落实措施。最主要的有四条：一是明确分工，二是量化标准，三是严格考核，四是严明奖惩。首先要明确分工，如果分工不明确，干起活来"大拨儿轰"，到时候该奖励谁呢？分工明确后，还需提出具体要求，制订详尽的考核标准。若没有要求和标准，根据什么来考核奖惩？有了明确的分工和量化的标准后，便可放手让下面去干了。管理者要做的，就是依据标准，严格考核，并将结果记录在案。待任务完成或告一段落后，再论功行赏，该奖的奖，该罚的罚，至此完成管理的一个全过程。显然，以上四条措施相互衔接，缺一不可，可谓科学管理的"四根柱子"。

科学管理的理念是美国管理学家泰罗于20世纪初叫响的。一百多年来，西方管理学有了长足的发展。可万变不离其宗，其主线始终是"大棒加胡萝卜"这一套。包括近年来备受国人推崇的跨国公司管理新理念、新经验，仔细分析起来，无外乎是科学管理的具体化、精细化。例如，所谓平衡记分法，实质上是完善考核方法，将单一的财务指标改为综合指标，以保证发展战略的实现，防止管理者搞"单打一"等短期行为。所谓"六西格玛管理"，不过是进一步细化考核标准，将差错率降低到统计学意义上六西格玛的水平，即百万分之三点四。被誉为世界第一CEO的杰克·韦尔奇，提出了"活力曲线"，即每年重奖位于绩效考核前20%的员工，开除最差的10%，不用分析就可看出，这是在严明奖惩上做文章。

西方管理虽然一直沿着科学化道路往下走，可随着研究的深入，学者们发现理性"经济人"的假设有点可疑。人不是经济动物，并非只考虑物质需求的满足，还有各种精神需要、社会需要，这些同样可以转化为动机。由此引出专门探索人的行为规律的所谓行为科学。在处理实际问题时，人也并非绝对理性，通常不会去追求最佳决策，而大都满足于可接受的决策，表现出有限理性。美国管理学家西蒙对此现象进行了深入探究，获得了诺贝尔经济学奖。对人的认识深化了，人性假设改变了，管理理论必然随之变化，于是西方管理学逐步形成以科学管理为主，以人本管理为辅的总体格局。

### 3.中国古代管理强调"善政不如善教"

与西方文化不同，中国文化没有"上帝造人"的理念，一向看重环境、教育对人性的影响。古代先贤虽然也研究人性，并有性善与性恶的争论，但主张人性善的孟子一派，强调的是人天生即有"善端"。可"善端"不等于善行，要想最终成长为善人，还得靠后天的教化。而主张人性恶的荀子一派，认为人"异于禽兽者几稀"。不过，正因于此，才更需要抓紧教育，"化性起伪"。教育得好，"涂之人皆可以为尧舜"，否则，人可真要堕落成畜生了。由此可见，性善论与性恶论虽然观点截然对立，给管理者的建议却基本一致，即都主张通过思想教化来影响人、改变人，从而达到管理的目的。

关于思想教化与奖惩管理的关系，儒家代表人物孟子有一段名言："善政不如善教。善政者得民利，善教者得民心。得民利者民敬之，得民心者民爱之。"由此不难看出儒家的管理倾向。从人性可塑这一基本假设出发，儒家提出一系列以德治国的管理主张，包括仁政爱民、教化天下、选贤任能、以身作则。天下大同等，由此构成相对完整的管理思想体系。中国古代多数统治者奉儒家思想为治国圭臬，故"为政以德"，可谓中国古代管理思想的主线。

在儒家管理体系中，最主要的举措是思想教化。为此，儒家提出一整套理念作为教化内容，包括天人一体的宇宙观、仁义至上的价值观、超凡入圣的人生观、安贫乐道的苦乐观、三纲五常的道德观、舍生取义的生死观等。同时，也逐步摸索出静心、养气、读书、躬行、克制、慎独、知耻、自省等一系列教化方法。这些都是古人管理智慧的结晶，至今仍有一定价值。不过，明眼人不难看出，上述举措大都是针对读书人的。对普通老百姓该如何教化，儒家研究得并不多。即便是教化读书人，这些方法的效果如何，也需要考察。从历史上看，信奉儒家思想的统治者似乎并没有交出令人满意的答卷。

值得注意的还有修己安人的观点。管理是通过他人实现组织目标。要想管人，必先安人。要想安人，必先正己。也就是说管理者一定要以身作则。"政者，正也。子率以正，孰敢不正。"管理者把自己管住、管好了，才能"譬如北辰，居其所而众星共之"。否则，"其身不正，虽令不从"。高度重视管理者自身的人格修养，这是儒家管理思想的特点、优点，是西方管理学一直忽略的东西。可问题是，怎么才能让管理者特别是最高管理者始终做到以身作则呢？儒家没有给出多少好办法，否则中国历史上可能就不会频繁出现王朝的更迭了。

中国文化以儒家为主干，2000多年来讲的主要是以德治国这套理念。可思想教育从来不是万能的，更何况儒家的教化又非始终有效。所以，在管理实践中，仅有"德治"是不够的，还需提倡"以法治国"，主张法术势相结合，用好"二柄"即奖惩的法家作为补充。法家的人性假设是彻底的人性恶，故管理思路与西方科学管理如出一辙，只不过不如后者那么"科学"罢了。

## （二）当代管理理论与实践的新变化

一直以来，管理理论的内容多数是针对企业这个组织而言的，管理实践更多的也是关注企业这个组织，两者的主题大多是围绕企业内外部资源的利用发展情况这个中心。但是随着人类社会的进步，科学技术的不断发展，尤其是现代信息技术的日新月异，使得世界各国的经济增长越来越依靠知识、技能、人力资本和信息等无形资产的产生和应用，这使得每个国家都把发展教育、加快科技进步、加强无形资产管理、保护知识产权放在发展国民经济的重要位置。而管理理论和实践也从当时只局限于企业的管理和实践拓展到其他任何组织和单位的发展，即从重视企业资源的硬件资源到重视企业的软件资源，从重视物的有效利用到以人为本，从围绕组织自身的单独发展到重视组织与社会、环境等外部条件的和谐发展。

**1. 管理理论及实践内容趋向多元化**

随着经济的发展，组织间的竞争日趋激烈，竞争制胜的关键已经不再仅取决于各个组织的设备、厂房等有形硬件资产，更多地依靠商誉、知识产权等无形资产。而在管理实践中重视无形资产管理，使之成为现代管理理论的重要内容之一也就理所当然。与之相适应，围绕无形资产管理进行创新也就成为现代组织管理创新的一种必然趋势，尤其是知识管理将会成为一个大主流。知识管理涉及了许多的相关研究领域，但它并不只是一种管理理论，而是涉及从技术到管理再到哲学等多个层面。未来，知识管理这个课题将日趋重要。同时，在管理实践中，组织将会努力建立一套有效、循环运转的知识管理系统，在一些企业内部，甚至有类似知识主管等职位出现。

无论是在管理理论还是在管理实践的发展过程中，组织的文化建设一直是一个讨论主题。以往的组织文化，如企业文化建设在 20 世纪以前多数是围绕本土化运转的。在网络经济新时代，由于时空限制被打破，像企业文化界流行的"欧美以'法'，东亚以'情理'的企业文化界限将不那么泾渭分明了"。由于全球化经济时代的到来，各国开始对各自组织文化尤其是企业文化进行反思、研究、整合。因此。在未来，各个组织文化的建设将会摈弃各种限制，相互学习，取长补短，相互融合，这也会成为一个趋势。

**2. 管理结构变化多元化**

网络技术的快速发展，正在以一种前所未有的速度和威力引领着我们走向网络经济新时代。这种网络经济，促使着现代管理结构向灵活化的趋势发展，而这种趋势的发展正影响并改变着一直以来的主流组织结构——传统经济环境下的"直线制"和金字塔的组织结构。当现代组织结构形成灵活化新趋势之后，世界许多先进组织尤其是企业管理者都着手研究虚实结合的领导控制体系、职能整合的灵活机制和动态调整的管理思路来保证现代企业组织结构不断显现出动态性、灵活性。就设立现代企业组织结构而言，建立起一流的领导控制体系，实现组织结构的虚实结合，会要求企业内部设置一个由类似总经理的职位直接授权的调控机构，在企业中层管理部门和上下管理层次之间进行协调，使组织结构既能形成一个网络，兼具经济性和灵活性，这就保证了组织结构弹性、灵活性的空间。营造灵活性机制，对组织结构实行职能整合，要求企业对关键职能部门进行适度有效的集中，而对非关键部门则按一定的要求和原则逐步进行科学合理的细化和分散，以期完成企业的目标。

在管理实践中，管理结构另一个巨大的改变就是，在组织内部对于职位的设置较以前有很大的改变。以前的职位设置多数是依据发展组织的硬件环境要求来设定的，因而职位的设置多数分布在类似"生产部""营销部""业务部"等这些部门；而现在，组织同样关心软性环境的发展，甚至有些组织把发展"软环境"放在首位，当然这要视组织的具体情况来确定。现在，很多组织在研究如何有效利用组织的"软资源"，如何建设一流的有特色的组织文化，如何提高组织成员的"能源效率"，如何提高组织成员的自我学习能力等，这样在组织内部可能会增设关于提高组织成员学习能力、研究组织成员身心状况、研究人力资源、研究组织与社会和环境关系、研究组织道德与商业伦理等的职位，组建如"人力资源研究部""学习部""员工心灵之家"等部门，而这些行动将会对组织的发展产生一定的影响。

海尔的"人单合一"管理模式中，"人"是指员工，"单"是指用户，"人单合一"就是员工给用户创造价值的同时实现自身价值，即双赢。海尔8万多员工自我组织成了2000多个"自主经营体"，其中最大的有数百人，最小的只有7人。自主经营体分为三级，包括直接按"单"定制、生产、营销的一级经营体，为一级经营体提供资源和专业服务的平台经营体，以及主要负责创造机会和创新机制的战略经营体。不同层级的自主经营体通过契约合同关系实现相互承诺和资源协同以及利益捆绑。除战略经营体体长即原来的高层管理者保持相对稳定外，其他两级经营体长采用竞聘方式产生，拥有决策权、用人权和分配权，但无固定任期，三分之二以上的经营体成员可联名淘汰不合格的经营体长。自主经营体是一种自主运行、自负盈亏的弹性组织，员工以"抢单"的方式进入，按单而聚，按单而散。同时自主经营体之间可相互兼并，排在后10位的自主经营体自我淘汰。

"人单合一"模式彻底颠覆了传统的企业组织形态。由自主经营体构成的海尔组织脉络中，"金字塔"结构荡然无存，这种结构也非扁平化，而是一种全新的倒三角形网络化平台组织。在这个组织体系中，传统意义上的"中层"已消失，人事、财务、研发、供应等后台系统在合同契约关系的"倒逼"之下主动向一级经营体提供资源服务，成了面对用户和黏住用户的一个个节点。企业内部资源不仅由此得到了高效优化配置，而且整体组织对于市场的协同反应、灵敏度大大增强。

### 3. 管理方法多元化

随着现代信息技术的发展，计算机技术的应用领域已拓展到政治、经济、文化、军事、科技等人类社会活动的各个方面。一直以来，管理的理论、思想、方法和实践多是以现代化大生产的工业社会为背景产生的，可以预见的是信息技术给管理理论和管理实践的发展带来的将会是革命性和全方位的影响，并且这可能会涉及21世纪管理学关注的所有主题：管理者与管理、组织与人力资源、组织战略与竞争、管理创新与组织变革、组织道德与商业伦理等。

管理方法的创新和以前相比将会更加倾向于依靠计算机技术手段，解决决策问题和综合问题的管理方法将不断增多。计算机技术的产生和发展，已经且正在快速地改变我们这个世界。随着21世纪信息社会的全面到来，现代管理手段已经越来越多地依靠计算机了。计算机技术在现代管理实践中的广泛运用为管理方法的创新提供了大量的机会，从而实现了很多在没有计算机时管理者所想象不到的管理目标。在现代管理实践中尤其在企业管理中，可以预见，随着信息技术的不断发展，管理方法的创新将会与计算机技术的发展密不可分。在未来的社会发展中，由于更加重视知识的"整合""集成"等，许多新的方法的出现，都不仅仅是为了解决某一个专业管理的问题，更多的是为了解决在管理实践过程中的一系列问题或一些综合性的问题。因而可以说在未来，关于解决综合性问题的管理方法创新的研究课题和管理实践也将会增多。

同时，管理方法也围绕"以人为本"这个主题向人性管理迈进更大一步。未来的管理实践中，管理者与被管理者除了依靠计算机技术来解决技术上的难题，也将会更多地注意人与人之间的沟通与交流。在管理实践中，组织可能会通过适时地举行员工联谊会，设立高层领导和基层员工互换岗位活动，设立高层领导接见日等这些人性化措施来补充单纯依靠技术解决问题所引起的不足。在未来，管理理论和管理实践都将在"硬件"和"软件"方面对管理方法不断进行创新。

**4. 管理理论研究对象及实践主体多元化**

无论是科学管理之父泰罗的科学管理理论还是管理过程学派创始人法约尔的管理科学，他们的理论研究大多是针对企业这个组织进行的，而缺少对其他组织的研究，如泰罗的科学管理理论假设人为经济人，研究主题也主要是围绕提高生产作业效率这个主题，法约尔则侧重于组织高层管理理论研究。但是，随着社会的变化，技术的进步，人类活动范围的拓展，管理理论和实践的发展环境也发生了改变，它们也开始进军除企业外的其他组织，开拓出管理理论和实践的另一片天地。

管理理论与管理方法，同人类的一切知识一样，来源于人类的实践活动。是随着人类社会实践的发展和科学技术的进步而不断发展起来的。现代科技革命的特点就是与生产形成一体化，新的理论与新的方法不断应用于生产活动与管理实践之中。

20 世纪前对管理最重要的影响来自产业革命，它开始于 18 世纪的英国。产业革命的结果是机器动力代替部分人力——机器大生产和工厂制度普遍出现。随着产业革命以及工厂制度的发展，工厂和公司的管理问题越来越突出：这些工厂需要预测需求，保证有足够的原料供应；向工人分派任务，指挥每天的生产活动；协调各种活动，保证机器正常运转和保证产品质量以及为产品寻找市场等。特别是，在家庭手工业中人们很少关心效率，而在大生产条件下，企业面临按期支付工人工资的压力，如何使工人满负荷工作就变得非常重要。计划、组织、领导和控制就成为必不可少的了。于是，出现了像泰罗和法约尔的古典科学管理理论和古典组织理论。

始自英国的产业革命，随后扩散到欧美其他国家。例如工业革命到达美国后，孕育了纺织工业，1808 年美国已经出现了 15 家纺织厂。一些企业还对早先的英国管理方式进行改进，雇佣专业管理人员，并使用了蒸汽机。不过在内战前，美国绝大部分企业都是家庭所有，规模小，技术不发达——这是与其时代特征相适应的：它们以少量的资本投资，服务于有限的市场。随着铁路、轮船以及通信技术（如电报）的出现，市场扩大了，于是产生了对先进机器和大规模生产的需要。在大规模生产条件下，提高效率就成为一个中心问题——因为昂贵的设备（如炼钢用的大型鼓风炉）只有发挥最大的生产效率，才能降低成本，从而降低价格，扩大市场。而现代数学学科的理论发展，使得对管理的定量研究成为可能，研究管理及提高效率的方法大量出现，如运筹学及其优化方法被引入管理的各个领域，使其更科学合理和有效。

现代科技革命改变了企业的生产方式，机械力的使用，大批量生产，欧美国家迅速扩展的铁路系统所带来的运输成本的降低等，也促进了大公司的发展（大型企业首先出现于铁路系统）。如洛克菲勒建立了垄断性的标准石油公司，卡内基控制了钢铁工业的2/3，这些企业需要正规化的管理，因此对规范的管理理论的需求更加迫切。于是，MRP（物料需求计划）、准时生产、生产管理、质量管理、人力资源管理等逐渐规范。

科学与技术的发展要求管理思想的解放与创新，一些旧的管理模式、经验阻碍了生产，就必须吸收和借鉴新的管理思想。随着计算机技术和网络技术的进一步发展和应用，企业内、企业间及企业与客户间的往来数据不断增加，从中发展一些潜在规律和有用知识使企业更好、更合理地发展势在必行。企业组织结构向扁平化发展，管理幅度相应增加，新的技术与理论如ERP、E-Business（电子商务）、CRM（客户关系管理）、KDD（知识发现）和DM（数据挖掘）开始被引入企业管理和部门管理之中，它们是人工智能、机器学习与数据库结合的产物。

现代应用数学和生物学的研究突飞猛进，相应的知识逐渐体系化，在管理理论中也渗入了相应内容，如模糊专家系统、遗传算法、人工神经元网络等方法的使用大大提高了管理的效率和效能。

除此之外，越来越多的学者和实践家关注行业管理理论和实践的发展，提出了工商管理、物业管理、地产管理等，相信随着人类社会的进一步发展，这些理论都会越来越完备，实践也将会越来越丰富，这都会促进人类社会的发展。

**5. 管理理论和管理实践的影响多元化**

管理理论和管理实践一直以来是一种相互影响、相互推动的关系，管理理论指导管理实践的发展，管理实践充实管理理论的发展。每一次管理实践的成就都推动管理实践向前迈进一步，而每一次管理理论的创新都引起管理实践新的飞跃。管理理论和管理实践的发展除了两者间相互影响，相互推动外，也对整个社会的发展产生了影响。历史上经典的管理理论和管理实践如木桶定律、马太效应都给社会发展带来了很大的影响。在早期，管理实践很多存在于人类生活的方方面面，只是没有整理成系统的管理理论，尤其是在古代的中国。古代的中国有很多著名的伟大工程：长城，兵马俑……但是，能够称为系统管理理论的著作不多或者说基本上没有，只是有很多类似纪传、纪实类的文学作品出现。但是不管怎样，管理理论和管理实践的影响并没有因为没有系统的文字记录而消失。相反，管理理论和管理实践的影响可以说是有非常多方面的，概括起来一般有经济效果、社会效果、心理效果、政治效果、文化效果等。但是以往的管理理论和管理实践的效果研究多是侧重经济效果，即研究在管理实践中管理理论的应用效果可以提高各项经济指标多少百分比，提高多少生产效率等来计量。如泰罗著名的铁锹试验，在这个试验中他甚至非常精确地计算出他的管理理论在实践中的效果：每个工人每天的工作量从原来的 6 吨提高到 59 吨。但是对于管理理论和管理实践的发展对社会其他方面的影响却没有进行研究。在未来，组织的行动效果衡量如果有社会效果社会效益这个指标，它们的行动将会更具有全局性，就以赢利为目的的企业而言，它们会更加注意企业的行为对自然环境、人类社会长远利益的影响，比如目前很多企业都开始或已经在执行国家制定的各项环保政策任务。如果组织将更加注重人性管理，把组织成员的各项心理指标也纳入组织管理绩效考核中，那么组织成员因为受到关注而身心发展将会变得更加健康，进而在组织中可以形成一个较为良好的活动氛围，这就是心理效果。而不管是心理效果还是社会效果、政治效果等，这最终都会影响组织的经济效果并用最直接的数字量化表现出来，这对组织的发展无疑是会有触动的。

## （三）中国管理理论与实践的继承与创新

改革开放 40 年来，中国管理实践在引进和借鉴国外管理科学与思想的进程中前后经历了三大阶段。第一阶段是拿来主义阶段。在这一阶段，中国大规模翻译引进西方资本主义管理经典，这种对外来管理科学与思想的"一股脑"的被动接受，有效地推动了中国管理实践进程，但也陷入盲目崇拜、泥沙俱收的陷阱。第二阶段是反思阶段。近些年来对外来管理思潮的反思，社会市场经济体系建设推进进程下新形势新问题不断的呈现，资本主义管理理论丛林的出现，各类管理学派思潮的空前繁荣与大规模"入侵"，极大地丰富和拓展了中国管理思想内涵与外延，同时中国自身也陷入"左右为难，不知所措"，即不知作何选择，向谁学习的境地；第三阶段是创新阶段。最近几年，在对西方管理科学的吸收与发展基础上融合对传统文化精髓的挖掘，对中国传统文化中散落的朴实管理哲学思维的整理与提炼拉开了中国传统管理文化回归的思潮；这也是"中国式管理"一次"洋为中用、古为今用"管理哲学的一次"集成"与创新。

改革开放之初，当我们打开国门，强调要像引进先进技术一样，引进国外先进的管理时，曾提出一个重要指导思想："以我为主，博采众长，融合提炼，自成一家。"应该说，我们在引进方面做得相当不错。国外特别是西方发达国家的各种管理理论，都已跨入国门。国外管理学最新研究成果，几乎同一时间即被介绍给国人。西方大师们的学术思想，人们不仅耳熟能详，甚至有点顶礼膜拜。跨国公司的各种管理经验，大都已在国内企业开花结果。近些年中国的管理水平之所以能迅速提升，中国经济之所以能高速发展，应该说与管理引进有直接关系。现在的问题是，全盘引进西方管理学三十年后，人们突然发现，大学里面的管理学课程，从本科生到研究生，从 MBA、MPA 到 EMBA，教的几乎是清一色的西方管理学。学生使用的管理学课本，大多数也为翻译过来的西方教科书，有些著名院校甚至连翻译版本都不用，一定要原汁原味的外文原著。书店里倒是不乏"国产"管理学书籍，可翻开一看，内容也全是西方的东西。越接近正规的教学、科研单位，越能明显感受到管理学在西化的路上走了有多远。

近几年悄然兴起的国学，某种程度上是对管理学全盘西化的一种反思。以儒家为主干的传统国学，基本上属于内圣外王的学问，而且偏重于修身养性等内圣之道。学点国学，对管理者个人提高人生境界或许会有些帮助。可说到解决管理实践中提出的难题，恐怕真有点指望不上。其实，早就有海外学者指出，传统文化提出的"内圣"与"外王"之间缺乏必要的联结，仅有"内圣"无法开出"外王"。

管理是一门以人为中心的实践性科学，不同特质的文化基础形成不同管理学说的理论。中国古代管理思想是以儒家思想为核心的管理文化，其要点是顺道、重人、人和、守信、利器、求实、对策、节俭、法治。在资本主义工业化过程中，形成发展了科学管理、行为管理、系统管理、ERP、学习型组织等管理理论。

21世纪管理科学发展的主要趋势，是进一步交叉和融合。所谓交叉是指多学科渗透交叉。管理科学的基础本来就包括数学、经济学、心理学，三者在管理科学中相互渗透交叉。管理科学从古典学派到现代学派发展的特点之一乃是向管理科学渗透和交叉的学科越来越多，其中就有统计学、社会学、工程技术学、决策科学、系统科学、控制论科学、信息科学等。著名管理科学家孔茨把这种现象称为"管理理论的丛林"。产生此类现象的原因，归根到底是由于管理这一复杂问题需要运用诸多学科的理论和方法进行共同研究才能解决好。所谓融合是指理性管理理论与人性管理理论、西方管理思想与东方管理思想的融合。不同管理理论和管理思想的融合统一，意味着它们相互借鉴、吸收和扬弃，达到更完美地整合的目的。

总之，将东西方管理与红色管理相结合，在此基础上创造当代中国自己的管理理论，代表着管理未来的发展方向。

# 第三节　管理提升的三大利器

## 一、管理理念

"理念"，即理性概念、观念，是人们对某一事物的基本看法和持有的观点，是"人们经过长期的理性思考及实践所形成的思想观念、精神向往、理想追求和哲学信仰的抽象概括"。通俗点说，"理念"就是我们对某种事物的观点、看法和信念，是分析、判断和决策时的理性思维的方法，我们常提到的有执法理念、理财理念、处世理念、创业理念、养生理念、消费理念等。"理念"不是与生俱来的，也不是一时冲动形成的，它与一个人的成长环境、看问题的深度、广度和高度以及文化底蕴、社会责任、素质修养等息息相关。"理念"一旦形成，即决定一个人的思维方式，决定一个人的决策方法，决定一个人的努力方向。可以这么说，一个人的"理念"是不会随着时间的推移而轻易更改的，绝大部分人的人生理念都将陪伴自己的一生。同样，管理理念是管理思想、管理宗旨、管理意识等一整套观念性因素的综合。管理理念对管理的影响是深层次的，有什么样的管理理念就会采用什么样的管理模式和管理手段，从而产生不同的管理结果。

管理理念是一种思想观念，是管理过程中人们所特有的基本信念、价值标准和行为准则等的总和。它贯穿于管理的全部活动，指导管理发展的方向，影响参与管理者的精神面貌，先进的理念被大部分人或全部人掌握了，每个人就能在其岗位上为共同目标发挥作用，可以形成合力，推动发展。

管理理念所包含的基本信念、价值标准和行为准则是作为群体心理定势及氛围存在于管理范围之中的。在这种氛围的影响下，人们会自觉地按组织的共同价值观念及行为准则去从事工作、学习和生活。管理理念是一种精神的力量，支配、决定每个成员的行动方向，引导和推动整个组织朝着既定目标前进。管理理念也是一种道德的力量，促使其成员自觉地按某一共同准则调节和规范自身的行为，并转化为成员内在的品质，从而改变和提高成员的素质。管理理念还是一种心理的力量，这种力量能使成员在各种环境中能有效地控制和把握自己的心理状态，使其在激烈的竞争及艰难困苦的环境中也能有旺盛的斗志、乐观的情绪、坚定的信念、顽强的意志，因而形成心理优势。

管理理念通过共同的价值观和基本信念，使来自不同层级、不同地区的成员统一起来，从而大家团结成一个有机整体，共同为发展目标的实现而努力奋斗。不仅如此，先进的管理理念还能创造良好的工作环境和组织氛围，能促进成员之间和谐的交流沟通，人和人之间有关心、有感情，从而使得全体成员产生归属感和认同感，增强群体的凝聚力和战斗力。在这种环境中工作，人们的心情是愉快的，斗志是昂扬的，工作是有前途的，感觉是美好的。

## （一）领导干部的管理理念

第一，总揽全局的管理理念。"不谋全局者不足谋一域，不谋万事者不足谋一时"，作为管理者，必须具备宏观调控能力和驾驭全局的领导艺术，既要善于从宏观上理清思路，紧紧抓住带方向性、根本性、长远性、基础性的工作不放，又要从微观上透视规律，科学安排全面工作，抓好工作落实。要能在事务堆中识大事，又要能调动力量干大事。调动集体力量干大事，既是"一把手"组织协调能力的一个基本要素，也是完成好重大工作的根本保证。只有把人的积极奋发向上的因素充分调动起来，单位才能充满活力、充满朝气、充满希望，才能在工作中实现重点突破和整体推进。

第二，真抓实干的管理理念。领导的威信从哪里来？就是从管理中来，从用人中来，从抓落实中来。"一把手"，是一个单位的"领头雁"和"风向标"，其主要职责是抓班子、带队伍、做表率、促落实、求发展。

第三，敢于承担责任的管理理念。敢于承担领导责任，是主官应有的气度。主官抓大事这是谁都知道的道理，但是如何"支持副职和部门领导去担当分管的工作"却也是一门科学，"巧授权、敢担责"是调动分管领导行使分管职权的重要方法之一。单位副职由于所处的角色位置不同，处理问题的方法和能力不同，在工作中出现失误是在所难免的，作为主要领导，当副职在工作中出现失误时，一定要敢于承担责任。当然，主要领导不向部属身上推责任，并不意味着可以不要部属承担责任，要从制度上建立各级领导工作责任制并予以规范和界定，形成"一级抓一级、一级管一级、一级对一级负责"的管理模式。

第四，树立集体权威的管理理念。"个人英雄主义"历来都是十分危险的。有的主要领导为了显示个人在班子里的作用，大事不研究，小事不商量，凡事喜欢个人说了算。殊不知，这样是不可能真正建立起个人威信的。试想：一匹千里马即使本事再大，如果其他几匹骡子毛驴向相反方向牵引，这匹千里马的本事还能得到展示和发挥吗？作为一个班子的带头人，就是要把增强"领导班子的凝聚力、战斗力"作为衡量领导艺术水准的重要标尺。如何增强？"尊重每一个人"应该是主要领导领导艺术的宝贵经验之一。"一把手"和班子其他成员，虽然职务不同，担负的责任不同，但人格尊严却是平等的，都是经过组织上多年考察培养任命的。"一把手"和班子成员都有各自应负的职责，属于班子成员职责权限范围内的事，"一把手"不要随便干预和插手，更不要越俎代庖。因为副职不仅要对正职负责，更要对分管的工作负责，如果一把手越过副职直接给部属下命令，不仅会架空副职，而且容易造成部属对副职的不尊重，副职的威信也就随之降低，甚至造成班子成员互相猜疑而影响团结。因此，"一把手"要学会尊重副职，经常的、虚心地、聚精会神地倾听副职的意见和建议，更多地换位思考，不要把个人的威严看得太重，而对集体的权威却一定要十分珍惜并自觉维护。工作中遇到矛盾和困难，要善于依靠集体的力量去解决，通过每一个成员心情舒畅的通力合作，实现单位的进步和发展。

第五，敢于用人，唯才是举的管理理念。用好一个人等于树立了一面旗帜，可以激励更多的干部奋发进取；用错一个人则会挫伤许多干部的积极性和事业心。这就要求"一把手"：一要有识才之眼，以德才兼备为标准积极主动荐才、大胆用才。明太祖朱元璋曾对人才的标准进行品评说："才德俱优者，上也；才不及德者，其次也；才有余而德不足，又其次也；苟两者俱无，此不足论矣。"意思是告诫执政者，有德无才的会误事，有才无德的会坏事，德才兼备的才能成大事。二要有用才之胆。朱元璋曾说："人之才智，或有长于彼而短于此者，若因其短而摈弃其长，则天下之才难矣。"古人尚且知道"人无完人"这个道理，可有的领导就是求全责备不敢吃"螃蟹"，所以对干部的使用，既要坚持以德为主全面发展，又要坚持看主流、看大节。对一些政治素质好、勇于开拓、确有本事但又存在一些缺点问题的干部，要敢于启用大胆使用，尽力做到用其长、抑其短。三要有容才之量。作为"一把手"，就是要胸襟开阔，容他人难容之人，历史上的开明君主莫不是以宽容大度、不拘一格使用人才作为治理朝政的法宝的，有"能屈能伸、不耻下问"的刘邦，有"把良言当成良药，用诚信代替猜忌"的李世民，有"以宽容之心待可靠之人"的武则天，有唯才是举、量才适用的朱元璋等。有的领导干部总怕日后自己被他人取而代之而压制人才，这是非常错误的。"问渠那得清如许，为有源头活水来"，这是历史的必然、时代的呼唤，同时也是衡量领导干部心胸度量的标尺之一。四要有护才之能。领导者不仅要识才用才容才，更要爱才惜才护才，特别是对于那些新提拔的年轻干部，更要及时为他们排忧解难，解其后顾之忧，大胆使用和锻炼，对一时不慎工作出现失误的，要晓之以理，动之以情，帮助他们找症结、卸包袱。

## （二）政府管理新理念

20世纪70年代末80年代初以来，全世界范围掀起了汹涌澎湃的行政改革浪潮。当代改革处于工业社会向"后工业社会"和"信息时代"的转型期，打破传统行政模式，探索适应新时代的政府管理新模式，使得改革具有划时代的意义。经历了二十多年的持续改革和震荡，政府管理的未来模式已露端倪。

公共部门的公共性质体现在各个方面：公众设立，公共拥有，主要从公共政务获取资源，以提供公共物品为职责，以公共服务而非盈利为目标。不论从设立的初衷还是从理论上看，公共部门的公共性质决定了它应该具有最大的公众亲和性。然而在实践中，公共部门的表现往往不尽人意：自我服务、漠视公共需求；工作效率低下，浪费公共资源；固守成规，缺乏创新；服务意识薄弱，态度傲慢。没有必要用更高的标准来衡量，即使同只以盈利为最终目标的商业性机构相比较，公共部门在经济、效率、创新、公共服务态度、水平和质量等方面也往往相形见绌。这种期望、理论与现实之间的巨大反差和鸿沟，我们可以称之为"公共悖论"，这种情况往往使公众产生对政府的信任危机。因此，克服信任危机，提高政府的政治合法性，使公众相信政府的活动都是为公众谋利益，就成了政府改革的重要目标。

20世纪90年代以前，发达国家改革的重点目标是经济和效率，通过降低成本来克服政府的财政困难。与此相适应，这一时期强调公共服务部门的"顾客导向"，即把服务对象视为"顾客"。顾客导向原则的主要体现是，打破公共服务中的部门垄断，给服务对象以"顾客"一样的选择权，迫使部门为了自身生存而竞争顾客，从而在保持质量的前提下提高效率，像私营部门那样降低服务成本。

顾客导向的一个里程碑是20世纪90年代初英国的"公民宪章"运动。所谓公民宪章，就是用宪章的形式把政府公共部门服务的内容、标准、责任等公之于众，接受公众的监督，实现提高服务水平和质量的目的。部门服务宪章的具体内容和实施根据实际情况灵活安排，但设计必须体现六个指导原则：

（1）明确的服务标准——包括服务效率、质量等方面的具体要求和公务员在与公众打交道时的行为准则。

（2）透明度——有关公共服务的信息必须公开、透明，包括服务的内容和运营状况，特定服务项目的开支与成本状况；管理机关和承担服务的具体机构，后者的服务水平和质量等方面的信息。

（3）顾客选择——在可能的情况下和与服务对象协商的基础上，应向公众提供选择服务机构的机会，充分发挥内部竞争的作用以提高服务水平和质量。

（4）礼貌服务——公共服务人员必须礼貌对待公民，一视同仁地向公民提供服务，尊重公民的隐私权、文化、宗教信仰和人格尊严。

（5）完善的监督机制——建立方便有效的公民投诉受理机制，包括明确的补偿标准、便捷的受理程序、方便的投诉渠道等，可能时设宪章电话专线。

（6）资金的价值——推广和完善合同出租制度，展开公共服务领域的公私竞争，以竞争求质量，以竞争求效益，实现公共资源的充分利用。

美国的克林顿时期，"顾客导向"的官方说法是"顾客驱动（customer-driven）的政府"。1993年的《政府绩效与结果法》要求联邦部门普遍实施顾客满意度调查。同年9月，克林顿发布了第12862号总统令，要求联邦政府机构设定"顾客服务标准"，公开接受公众监督。"公共官员必须推动一场革命，实现联邦政府做事方式的根本性转变。这要求对行政机构的管理和运作实践进行持续性改革，使公共部门的服务赶上或超过私营部门的水平。"总统令的主要内容包括服务标准设定、顾客服务状况报告、顾客服务规划三个方面，并对落实的时间作了具体要求。顾客服务标准设定包括以下八方面的具体要求：

（1）明确部门的服务对象或顾客；

（2）通过顾客调查确定公共服务的类型和质量，了解他们对现有服务的满意程度；

（3）设定服务标准和评价服务质量的尺度；

（4）设立顾客服务标杆，比较部门绩效和私营部门的最佳绩效；

（5）对第一线雇员进行调查，确认部门绩效差距的成因，探讨赶超私营部门最佳绩效的途径；

（6）在服务提供机构和服务提供方式等方面给予顾客充分的选择权；

（7）确保顾客在接受服务和信息方面的便利；

（8）建立有效手段处理好顾客投诉。

20世纪70年代初期，公共服务制度安排上开始呈现出两大模式之间的竞争，即传统政府模式和准市场模式，前者以进步主义理论为基础，后者的理论基础则是公共选择。进步主义是美国19世纪后期大规模政府改革运动出现的理论体系，它以早期行政管理学的基本信念为基础，后来又得到市场失灵理论的支持。针对当时美国政府职位的"政党分肥制"以及与此相伴随的业余行政、非规范行政和腐败等病症，行政学先驱们的政府改革思想可以归结为以下几点：

（1）行政管理领域具有事务性，关注政府的执行和政府的操作，与政治领域的混乱和冲突相距甚远，可以成为相对独立的改革领域；

（2）良好行政体制具有的特点包括权力统一、等级节制和约束、规则明确、纪律严明、行政人员训练有素等，可以服务于不同类型的政府；

（3）通过竞争性考试和晋升中的功绩制原则，公务员制度能保证公务员人员的稳定性和高素质，有效履行各自的职责；

（4）政治中立原则、集中化控制和严格的规章制度可以确保公务员服务于公共利益。

可以看出，他们关注的重点是体制、结构、技术等方面的问题，对政府部门的公益精神、官员的高尚动机抱有充分的信心。后来的市场失灵理论为公共服务的传统模式提供了有力的支持，凯恩斯主义的宏观干预政策，福利国家的实践及其取得的成就，进一步增强了政府的信心，导致了制度职能和规模的持续扩张。可以说，20世纪70年代以前传统政府模式占主导地位，其特征可以概括为几点：

（1）对政府追求公共目标的动机和政府能力的高度自信，政府就像大公无私而又能力非凡的骑士，当出现市场缺陷和社会病症时行侠仗义，祛邪匡正；

（2）夸大公共部门和私营部门之间的区别，淡化公私部门在管理方面的共通性；

（3）以公共部门的特殊性为由，强化公共服务的政府垄断，集中化管理以及政府机构直接参与生产，排斥市场主体、市场价值和市场机制；

（4）政府改革持续不断，但都具有内向特征，关注焦点是政府组织结构、程序的调整，公务员素质的提高和奖惩制度的改进。

20世纪70年代，宏观经济"滞胀"局面和政府信任危机对传统政府模式提出了严峻的挑战。公共选择理论对"非市场失灵"的充分论证及其产生的理论影响，可以说打破了政府大公无私和能力非凡的神话，颠覆了传统公共服务模式的理论基础即进步主义理论。公共选择理论的独到之处在于：与传统行政学致力于政府自身的改革不同，它关注的中心是政府与社会的关系。公共选择理论的核心是"市场价值的重新发现和充分利用"，在实践中的体现就是政府改革的市场化方向，既包括非国有化、放松管制等政府的"退却"和职能的重新定位，又包括公共服务中的市场主体和市场机制。

市场理念有多种不同的提法："市场取向""以市场为基础"，当然还包括"民营化"。撇开市场化改革在实践中的具体形式，暂且搁置围绕市场化改革的理论争论，作为一种理念，市场理念可以归结为两个主要方面：一是市场化是改善政府的要径和社会治理的基本战略的信念。用萨瓦斯的话说，市场化（民营化）"不仅是一个管理工具，更是一个社会治理的基本战略。它根植于这样一些最基本的哲学或社会信念，即政府自身和自由健康社会中政府相对于其他社会组织的适当角色"。二是对"市场价值"的推崇。从泰罗的科学管理运动至今，公共管理中对私营企业管理技术的借鉴由来已久。在迪里昂等人看来，当代重塑政府运动更进了一步，不仅要求政府部门接受企业管理的"技术"，而且要求公共领域接受市场"价值"，包括"竞争的价值、社会选择中对市场机制的偏好、对企业家精神的尊崇"。

"结果导向"（results-oriented）的基本含义是关注使命和组织目标的实现，政府管理应着眼于终极产品和实际社会效果。作为当代行政改革的重要指导原则和政府管理的新理念，结果导向所针对的是传统行政管理实践中的两大倾向："规则导向"和"投入导向"。"投入导向"意味着对投入的关注胜于对效果的追求。这里讲的"投入"既包括一般意义上的投入（inputs），也包括部门管理活动的直接产出或者说"过程投入"（throughputs）。

要搞清楚"投入导向"和"结果导向"的区别，首先需要在理论上明确几个相关概念及其相互关系。不论政府部门履行什么样的职能，不论工作任务和性质有什么样的差别，其活动必然涉及四个基本的方面——资源（resources）、投入（inputs）、产出（outputs）、效果（outcomes），可以说，管理就是对资源到效果的转换过程的驾驭。以环境保护为例，"资源"指环保主管部门获得的财政拨款，它是管理活动资源的最初形态；环保部门从事管理活动耗费的人力、物力、办公设施和设备等是其投入；产出既包括决策活动的产出如出台的法规政策、实施细则、环保计划、环境标准等，又包括执行活动的产出如建设项目的审批、违规企业处罚数目或处罚金额、清洁生产技术的推广数目等；效果则主要体现为环境质量的改善，它是部门使命和管理活动的最终目标。

由于多数政府部门管理活动的最终效果不易确认和测定，传统管理实践中把关注重点放在投入上。典型例子是效率测定中的"资源投入进度监测法"（又称"预算监测法"），即根据资源投入是否按照财务规定和确定的时间表进行来评价行政组织的工作效率。投入进度不能反映效率的高低，更不能反映组织管理的社会效果。随着管理思想的进步和技术手段改进，人们关注的重点从单纯的资源投入转向了过程投入和部门的直接产出。以环保部门为例，这包括建设项目的审批数、违规企业处罚数或处罚金额、清洁生产技术的推广数等执行类产出，也包括出台的法规政策、实施细则、环保计划、环境标准等决策类产出。这一转变无疑是一个巨大进步，但与结果导向还有一定的距离。原因在于，如果收取排污罚款等同于授予自由排放的特许权，如果交付超载罚款等同于获得超载行驶的通行证，那么可以想象，随着主管部门"产出"的提高，管理的"效果"会越来越差。因此，作为传统政府管理实践中的"投入导向"的对立物，"结果导向"意味着部门管理活动应着眼于结果，其绩效的优劣主要从最终效果而非投入和直接产出来评判。

从 20 世纪 80 年代开始，行政管理学研究已经注意到烦琐规则和过程控制带来的副作用。规则过多过细的结果是束缚了管理者的手脚，导致低效、浪费、消极服从意识和目标置换。1991 年美国海军人力资源办公室处理的文件和表格，叠在一起高达 1000 多米，是华盛顿纪念碑高度的 6 倍；农业部汇总联邦政府有关政府部门人力资源管理的法律、条例、指示、判例和部内的实施指南等文件，重量达到 500 多公斤。财务管理方面的规则更为复杂烦琐。克林顿时期政府将创新的最高奖取名为"榔头奖"（Hammer Award），其背后有一个经典故事：按照有关规定，换领一把榔头需要经过十几道审批程序，填写数张表格，把涉及的人力和时间等成本折算加总，这把榔头的实际成本高达近 600 美元，是其市场价格的十几倍。类似的例子举不胜举。

罗斯福曾经说过："最好的行政主管有足够的眼力挑选合适的人去做自己想要干的事，同时有足够的自制力，避免别人干事时在一旁指手画脚。"国家绩效评鉴在引用这一格言强调观念转变的同时，提出了一系列具体的改革措施。从消极角度看，包括清除繁文缛节，简化规章制度，以"结果取向的控制"取代"过程取向的控制"，为管理者实现组织目标和期望结果留下充足舞台空间和灵活性；从积极角度看，结果导向还包括完善激励结构和责任机制，促使管理者和雇员为实现期望结果积极努力。从这一意义上，凯特尔把当代政府管理革命归结为两个要点："使管理者管理；让管理者来管理。"

简言之，在官僚制的行政文化中，"程序埋没了目标，过程压倒了结果，投入代替了产出，规则取代了使命"。"结果导向"是这一文化和倾向的对立物，它强调关注使命和组织目标的实现，强调政府管理应着眼于终极产品和实际社会效果，与"公民为本"理念结合起来，意味着结果是公民而非政府部门所期望的结果，结果评判的主体应该是公民。

综上所述可以得出以下结论：当代政府改革实践涉及面广且内容庞杂，但都强调理念创新或公共部门"组织文化"的变革；公民为本、以市场为基础、结果导向等，是改革的指导原则和核心理念；这些都不是第一次提出来的，因此不能说是政府管理的全新理念，但特殊的时代背景、特定的情境、新背景下的特殊体现方式等，赋予这些似曾相识的"老"概念和提法以新的内涵，使之成为"新"的理念。

## 二、管理工具

人之所谓为人，而区别于动物，就是因为会使用工具。工具原指工作时所需用的器具，后引申为达到、完成或促进某一事物的手段。古人云：工欲善其事必先利其器。意思是工匠想要使他的工作做好，一定要先让工具锋利。管理活动也不例外，各级领导干部发挥管理职能，都离不开管理工具和管理手段，把管理工具和管理手段进行有效的整合，建立一个系统，并不断对这个系统进行更新和维护，就是在建立工具管理机制。推进政府管理方式现代化，迫切要求将公务人员转变为熟悉公共管理相关理论、技术、方法的公共管理者，以促进科学合理地选择和应用政府工具。领导干部做好管理工作，选择和运用先进的、合适的管理工具会起到事半功倍的作用，创造管理奇迹。

我们在关于现代经济学的文章中谈到的是经济学中强有力的分析工具，它们多是各种图像模型和数学模型。这种工具的力量在于用较为简明的图像和数学结构帮助我们深入分析纷繁错综的经济行为和现象，并被经济学家证明是极其有用的。同样，管理学也有许多研究工具，它研究的是如何使组织以更低的成本取得更大的效益，以及管理人价值的体现问题，这就需要将经济学的很多理论作为管理学的研究工具，因此，微观经济学、产业经济学、信息经济学本身就是管理学的研究工具。近年来发展起来的许多决策支持系统，也都是研究和分析管理问题的有用工具。数学和统计学甚至包括系统论、控制论、信息论、耗散结构理论、协同论、突变论等在研究管理学时被证明确实有用。另外，管理学前辈还给我们提供了一些强有力的"分析工具"，比如市场附加值与经济附加值、平衡记分卡、SWOT 分析法等，它们也是研究管理学的有力工具。

工具学是一门古老的学问。人文社会科学及其他学科很早就开始关注研究这一领域。如在经济学领域，工具研究途径已经流行了相当长时间，为了达到既定的经济目标，工资、价格以及社会福利政策在传统上一直就被当成工具来使用。在法学领域，同样包含着工具研究途径，20 世纪初庞德就提出过法律是一种社会控制工具的观点。但工具学又是一门常新的科学，尤其是政府治理工具研究的兴起，大大突破了传统工具学研究的藩篱。作为我国目前行政体制改革和建设服务型政府的着力点，政府职能改革的关键在于通过选择治理工具来达到政府职能的定位、优化和评估，对于政府职能改革来说，治理工具的选择与设计是一项具有关键意义的工作。

《吕氏春秋》中有精彩论述："以狸致鼠，以冰致蝇，虽工不能。以茹鱼去蝇，蝇愈至，不可禁，以致之道去之也。"用吃老鼠的野猫狸子招致老鼠，用能冻死苍蝇的冰块招致苍蝇，显然都行不通，不管你怎样的用心用功，怎样的手段高明，老鼠不会到狸猫那里去，苍蝇不会自己飞到冰块上。同样的道理，用腐臭的鱼驱赶苍蝇，苍蝇反而会越来越多，根本就禁绝不了，这是因为使用招致苍蝇的办法去驱赶苍蝇，结果会适得其反。

## （一）政府管理工具

在我国，随着市场经济的不断成熟和加入 WTO，行政体制改革的深化以及政府职能的转变，政府治理模式以及行政管理的方式、方法和手段亟待创新。20世纪 90 年代以来，随着市场化进程的加速，我国公共管理尤其是政府管理的某些部门、领域、方面已尝试引入市场竞争机制，如政府采购制度，公共工程的招标投标，土地的有偿使用，营业执照的拍卖，一些公共服务如环保、治安、公交的委托承包以及自然垄断行业的开放竞争等都是将市场机制引入公共部门的具体体现；同时，目标管理、绩效评价、全面质量管理、合同聘任制等多种企业管理技术以及社区治理、个人与家庭、志愿者服务、公私伙伴关系、公众参与和听证会一类的社会化手段也逐步在公共部门的管理中推行。更重要的是，近几年我国开展的行政审批制度改革正在逐步破除以行政干预为主要内容的旧的行政管理方式，为新的政府工具的引入以及改进政府管理方式创造了条件。然而，目前国内学界缺乏对政府工具尤其是市场化工具、企业管理技术和社会化手段的深入理论研究和实证分析，不能为公共管理方式的创新提供理论基础以及行之有效的工具。我国政府管理方式总体上实现了理性化，但同时，政府管理实践中还存在不少经验性、非理性的因素。其基本特征是：以经验作为行政管理的基本依据，排斥科学理论的指导；以手工式的操作技巧作为行政管理的方式方法，排斥科学技术手段与方法在行政管理过程中的运用；过分强调行政管理者个人的作用，轻视科学的行政管理制度建设和专家参与。面对整个社会和政府管理现代化的挑战，我国的"经验行政"迫切需要向理性行政、科学行政、民主行政转变。推进我国政府管理方式现代化，需要在政府工具的设计、选择、应用中进一步贯彻工具理性、价值理性与制度理性的平衡。

在我国，政府工具的研究应采取理论研究与实证分析相结合、定性分析与定量分析相结合、案例分析和比较分析并重的方法来加以研究。既从理论方面探讨政府工具的内涵、种类及功能，论证在公共管理中采用各类工具的必要性和理由，说明在现实的政策执行以及公共管理过程中如何进行工具选择；又从经验研究得来的证据说明这些工具及技术的潜在价值和实际效果，特别是说明它们是如何引起公共管理方式创新，如何改善政府功能和提高行政效率的；并通过对各种不同类型工具的分析研究，提供一个适应我国公共管理实践的工具箱。包括以下四个方面：

第一，经济调节职能优化的工具选择。政府经济调节的工具包括经济手段、法律手段和行政手段。经济手段是政府经济调节的基本工具，如美国的财政、货币政策和日本的产业政策。积极稳妥的经济政策工具就是使政府经济调节职能优化，达到既要防止调控不到位，又要防止调控过度的功效。

第二，市场监管职能优化的工具选择。市场监管是政府对市场主体在市场规则体系下所形成的群体行为状态依法进行的监察、督促和管理的活动。政府之所以进行市场监管，根本原因就在于市场经济不是一种完美的经济形态，或多或少地存在市场失灵，以及由此产生的市场无序。西方政府优化市场监管的基本工具是法律，如美国的反托拉斯市场监管模式、欧美竞争政策市场监管模式以及德国反卡特尔市场监管模式。我国政府市场监管职能优化的工具选择也在于法律手段。通过立法建立和保护竞争秩序，削弱垄断倾向，严格控制现有的垄断市场的地位，通过主管机关的监督和控制让具有垄断倾向的经济强权主体采取顺应竞争的行为。

第三，社会管理职能优化的工具选择。社会政策是政府干预社会的主要手段和基本工具，它决定了政府的其他社会管理手段。具体来讲：

（1）健全社会治安综合治理社会政策，强化社会安全管理，维护社会秩序和稳定；

（2）强化劳动就业服务社会政策，创造良好的劳动就业政策环境；

（3）完善社会保障政策，构筑社会稳定的"安全网"；

（4）强化卫生服务社会政策尤其是食品药品监管社会政策，确保人民群众的生活和生命安全；

（5）强化收入分配社会政策，调节收入分配，维护社会公正；

（6）强化人口与环境管理社会政策，保障经济和社会的可持续发展；

（7）构筑有效的公共帮助社会政策，维护与保障弱势群体的合法权益。

第四，公共服务职能优化的工具选择。所谓公共服务就是提供公共产品和服务，包括加强城乡公共设施建设，发展社会就业、社会保障服务和教育、科技、文化、卫生、体育等公共事业，发布公共信息等，为公众社会生活和参与社会经济、政治、文化活动提供保障和创造条件。国外改革的实践证明，民营化是优化公共服务职能的最佳工具选择。公共服务民营化是以政府为主导，以市场化和社会化为主体，以公众满意为标准，打破政府垄断，引进竞争机制，构建政府、私营部门（非政府组织和私营企业）相互合作的公共服务体系。政府为安排者，私营部门为生产者，公众为消费者，其实质在于给予公众更多的选择空间，即"用脚投票的机会"，使公众自主选择公共服务主体，通过刺激竞争提高公共服务质量。

第五，政府职能评估的工具选择。政府职能评估要解决的是政府履行其基本职能结果怎么样的问题，是衡量政府职能改革成效的关键性维度标准。也就是说，政府职能改革不仅要明确政府做什么，做了多少，更要关注政府做得怎么样，可以应用政府绩效评估和绩效审计工具来达到这一目的。我国明确提出了建设服务型政府的战略目标，提出要"着力转变职能、理顺关系、优化结构、提高效能，形成权责一致、分工合理、决策科学、执行顺畅、监督有力的行政管理体制。健全政府职责体系，完善公共服务体系，推行电子政务，强化社会管理和公共服务。加快推进政企分开、政资分开、政事分开、政府与市场中介组织分开，规范行政行为，加强行政执法部门建设，减少和规范行政审批，减少政府对微观经济运行的干预"。这既是对政府转型的明确定位，也是对政府管理方式转变的具体要求。我国政府管理由经济建设型政府向服务型政府转变的指导思想、战略方向和基本要求已经明晰。在这个阶段，不少地方政府对各种新政府工具（如绩效评估、流程再造等）的积极引入，有效地促进了地方政府管理方式的变化。

政府绩效评估就是对政府部门在积极履行其基本职能的过程中，在讲求内部管理与外部效应、数量与质量、经济因素与伦理政治因素、刚性规范与柔性机制相统一的基础上，获得的对公共产出的评审界定。

（1）政府绩效评估工具是落实政府部门职责的强力杠杆。绩效评估工具本身只是政府部门工作状况的综合反映，但是评估与原先设定的政府职能管理目标是直接联系的，这样一种纵向对比，可以看出其间的差距。而且某个部门的职能管理绩效信息是可以经常拿来与其他部门的绩效信息进行比较分析的，横纵比较可以全面落实政府部门责任。

（2）绩效评估工具有助于政府职能改革，调适新的目标导向。政府绩效评估工具的功能不仅仅在于对政府部门过去工作的反映，通过评估，发现问题，找出差距，可以重新整合资源，调适目标，起承上启下的作用，评估政府职能改革效果的过程也就是政府部门行为诊断的过程。如美国政府绩效评估形成了丰富多样的评估技术手段（如成本收益分析、目标设置技术、指标选择技术、绩效分析技术等）。

近年来，政府绩效评估、流程再造、ISO9000 质量管理体系等管理工具在我国各级地方政府得到十分广泛的应用，并且在这一过程中涌现了不少创新。然而这些工具的应用还不完善，还存在不少问题。比较而言，企业管理技术类工具大都具有很强的操作性、程序性和管理主义的特征，工具性更加突出。因此，在应用工商管理技术时，对于政府管理方式现代化程度很不足，传统的经验型管理依然占据主流的中国政府管理来说，对工具理性关注显得更加重要。既要在政府内部管理中更加主动引入这些管理工具，也要加强制度设计、制度建构和协调特别是文化和制度的适应性。

政府绩效评估工具应用的关键在于构建一套完整的政府职能评估体系。尽管每个部门的职能会因部门性质的不同而有差别，但指标体系和指标要素的开发思路、构建方法是基本相通的。指标设计可以遵循业绩指标与通用指标相结合、定性指标和定量指标相结合、传统指标与现代指标相结合、正数指标与负数指标相结合、基本指标与修正指标相结合、过程指标与结果指标相结合的开发思路。指标要素即三级指标的构建是政府职能评估体系的难点，解决的路径在于：按照绩效要素结构进行指标设计、运用关键指标进行指标设计、运用标杆管理进行指标设计、围绕专题进行指标设计、按照管理的因果关系进行指标设计以及 Q（数量）、Q（质量）、T（时间）和 C（成本）的指标设计。

政府绩效审计是评估政府职能改革效果的另一种有效治理工具。政府绩效审计是指依据一定标准，客观系统地对政府部门的公共管理活动所做的衡量、测定和评价，检查其资源管理是否符合经济性、效率性和效果性要求，是否符合相关责任的要求。政府绩效审计也是评价政府职能改革及其效益的重要依据，这是因为，政府是否能够很好地承担起管理国家和管理社会这样复杂繁重的任务，很大程度上取决于其能力的大小，而其能力的大小，又主要通过政府履行职能时的绩效反映出来。绩效审计通过评价政府活动的经济性、效率性和效果性，形成绩效审计报告来对政府的管理绩效做出客观、系统的评价。如果政府能够以最低的消耗即最小的运作成本，去处理大量的国家事务和社会事务，能够通过对社会资源最有效的利用，为公众提供更多、更优质的服务，能够以最佳的方式或最有利的抉择和正当手段，达到绩效管理的最大目标，说明政府管理活动取得了良好的绩效；反之，如果政府机构臃肿、人浮于事、效率低下、成本高昂、浪费资源等，则表明政府管理活动绩效的不佳或低效甚至无能。

## （二）管理者管理工具

长期的管理实践表明，有效管理者有一个共同之处，那就是系统地使用一些管理工具，像工匠一样专业，从而收到事半功倍的效果。可见，对任何一个组织，任何一个层面的管理者来说，熟悉和把握有效的管理工具，对提高管理者管理水平，提高组织管理效率具有重要的作用。根据对管理理论和实践的研究，人们把管理者的管理工具归纳为以下十种：

第一种，时间管理。

人生的每一件事情都跟时间有关。经理人对时间管理这个工具在自己走向成功的历程中，应扮演什么角色是明白的。一谈到时间管理，多数人都会想到两点。一是在工作上如何有效地利用时间。这方面有很多相关书籍及专家的建议，比如写工作计划，用 ABCD 列出每天要做的事的优先次序然后遵照执行；运用 80 : 20 原则；提高工作效率等。二是在业余时如何有效地利用时间用于学习或工作。其实，这样理解时间管理这个工具是错误的。你进行时间管理，应该涉及人生的八大领域，而不仅是某一两个领域。这八个领域是：健康、工作、心智、人际关系、理财、家庭、心灵思考、休闲。时间管理就是耕耘你自己，实际上是你把有效的时间投资于你要成为的人或你想做成的事。你对什么进行投资就会收获什么，你投资于健康就会在健康上收获，你投资于人际关系，你就会在人际关系上有收获。尽管我们总觉得时间管理应该主要是与工作相关，但你的时间分配还是必须涉及八大领域，这才是对你最好的结果。比如在休息日，你也许该在家庭、健康、休闲上有更多的时间分配，而不是用于工作。关于如何在工作、学习这两个领域上进行时间管理，你可以轻而易举地找到非常有参照作用的原则和建议，你不妨根据这些步骤执行或反思自己的时间管理，将会取得一定的成效。

　　然而，经理人在时间管理上的最大误区是对时间管理的目的性不清楚。时间是过去、现在、未来的一条连续线，构成时间的要素是事件，时间管理的目的是对事件的控制。所以，你要有效地进行时间管理，首先必须有一套明确的远期、中期、近期目标；其次是有一个价值观和信念；第三是根据目标制定你的长期计划和短期计划，然后分解为年计划、月计划、周计划、日计划；第四是相应的日结果、月结果、年结果及各结果的反馈和计划的修正。这个过程实际上是一个循环，即 PDCA 循环。你在进行时间管理时，要特别注意以下几点。时间管理与目标设定、目标执行有相辅相成的关系，时间管理与目标管理是不可分的。你的工作、事业、生活等目标中，每个小目标的完成，会让你清楚地知道你与大目标的距离远近，你的每日承诺是你的压力和激励，每日的行动承诺都必须结合你的目标。在时间管理中，必须学会运用 80 ∶ 20 原则，要让 20% 的投入产生 80% 的效益。从个人角度看，要把握一天中的 20% 的精典时间用于你的关键的思考和准备，这可以根据你的生活状态、生物钟来确定你的 20% 精典时间是哪个时候。 特别推荐的是：每一天，你都要强迫自己执行或做对你未来有影响的事情。时间管理是一种心态，不能说安排事情妥当或把事做好了就行，你应该要更长远和更系统地考虑你的时间分配和使用效率。 在工作和生活中要学会授权。 要分析浪费时间的原因，学会珍惜时间。唯有计划，才有效率和成功。评估时间管理是否有效，主要是看你的目标达成的程度。时间管理最关键的要素是目标设定和价值观，关键技巧是习惯，你运用时间管理工具变成习惯了，什么都变得有序了，有效了。时间管理最大的难题也是习惯，一个人的习惯太难改了！ 人的生活不能像工厂，你可以在工作中幽默，也可以在生活中浪漫，时间管理绝不是让人变得机械化，但人们在人性化的工作、生活中，往往会迷失于时间管理。这时关键是学会说"不"，对浪费时间的事情、不良习惯说"不"！

管理工作不是说管得越多越好，管理只管两件事：违规和例外。无论在哪个岗位，如果你感觉自己管得越来越多了，就要提醒自己出毛病了。管得越多，从资源配置效率上来讲一定是打折扣的，你管得越多，折扣打得越大，所以"管"的最高水平是少管、不管，而更多的精力要花在"理"上。管理的"理"是梳理，要把它理顺、理清楚，最后出规章、出制度、出办法、出理论。如果人的大量精力花在管上面，你一定把很多时间荒废掉了，真正理是理得很少的，你不可能会提高。把自己的工作时间捋一遍，查找一下是管的时间用得多了还是理的时间用得多了。这个行为很有好处，因为没有人会、也没有人敢对主要领导做这件事，所以你要不停地提醒自己。

第二种，团队建设。

琼·R.卡扎巴赫与道格拉斯·K.史密斯合著的《团队的智慧》曾对团队有这样的诠释——"团队就是一群拥有互补技能的人，他们为了一个共同的目标而努力，达成目的，并固守相互间的责任。"

在自然界里，蚂蚁是随处可见的，有时一窝蚂蚁多达几万只，但每一个蚁窝只由一只蚁后（有时会多于一只）、若干工蚁、雄蚁及兵蚁共同组成，它们各司其职、分工明细：如蚁后的任务是产卵、繁殖，同时受到工蚁的服侍；工蚁负责建造、觅食、运粮、育幼等；而雄蚁负责与蚁后繁殖后代，兵蚁则负责抵御外侵、保护家园；大家各尽所长、团结合作、配合默契，共赴成功，所以现在"蚂蚁搬家及运食"的故事，经常被人们用于诠释齐心协力、团队合作的意义，因为它们这种群策群力和其高效率的团队协作方法，是值得人类反思与借鉴的。

我们对于真正意义上的团队精神，却需要有一定的能力为基础，因为团队的目的不是单纯意义上的集结，而是优势资源的整合与发展。作为管理者，要加强团队建设：第一是要坚定信念，相信团队合作的力量是制胜的不二法则；第二是要明白一个道理，市场经济越完善，靠个人努力、单打独拼取得成功的可能性越来越小；第三是要有"适当地放低自己，方能海纳百川"的胸怀。现实中，在团队建设上存在的误区是：个人英雄主义仍然存在；团队精神与集体主义的概念相混淆。

管理者在团队中多半扮演领导的角色，与队员之间可以传递的方式有很多，如沟通、互动等，具体方式体现在以下方面：与团队成员一起构筑团队的愿景、目标、运作规则、团队文化，并培养共同价值观与团队的意识；用服务者、合作者的心态，帮助团队成员完成他的个人目标，不要吝啬自己的付出，做到主动付出、坚信因果；作为一个团队领袖，"帮他即帮己"的意识非常重要，否定个人英雄才能培养整体出色的团队。管理者要想成功及获得好的业绩，必须牢记一个规则：我们永远不能将个人利益凌驾于团队利益之上，在团队工作中，会出现在自己的协助下同时也从中受益的情况，反过来看，自己本身也受益其中，这是保证自己成功的最重要的因素之一。我们要善于判断和区别对待，通过区别对待每一个人而建立一只强有力的团队。比赛就是如何有效地配置最好的运动员，谁能最合理地配置运动员，谁就会成功。

第三种，潜能开发。

在美国，潜能开发正在风靡于各大企业。美国著名心理学家博恩·崔西认为潜意识可以产生三万倍的力量。这意味着只有把潜意识的力量开发出来，我们才能获得巨大成功。潜能开发的本质是脑力开发，也称"第五层次开发"。人的第一层次开发是"知识更新"；第二层次开发是"技能开拓"；第三层次开发是"思维创新"；第四层次开发是"观念转变"。个人的成功是潜能开发的过程，管理者进行潜能开发应是全方位的，因为你现在既有的能量只是总能量的一小块，而更大的一块则在水底，你无法看到，水面下面的那一块正是人类的奥秘之所在。潜能开发就如解决你各种问题的一把钥匙，它的开发方法是心理修炼。潜能开发有几种技巧：设立目标，并且使目标视觉化，一般把放着目标的板子叫梦想板；自我正面暗示，排除负面暗示，正面暗示能使你充满自信；光明思维，即思考问题要看到事物光明面，积极的心态很重要；综合情绪，情绪与智力正如鸟之两翼、车之两轮，可以帮你走向成功的彼岸；放松自己，使心灵松弛下来。潜能开发的误区有三点，一是没有认识到自己有潜能；二是只把着眼点放在某些具体技能上，没有注意到一个人需要均衡发展；三是潜能开发跟做事是另一回事，不要每天只是潜能开发不做事。最好的方法是，做事情的时候不要忘记潜能开发。

第四种，健康管理。

今天，人们面临着科技不断发展并在体力与脑力上不断替代和挑战人类的情况，工作和生活将被赋予新的意义，这会带来管理思想的变化。环保、和谐和健康的生活和工作已经必然地成为社会主流意识和价值观。健康管理对于管理者来讲，无论是对个人的行为指导，或者是对组织的管理问题的揭示都具有无可替代的作用。狭义的健康管理仅指在医学领域的针对个体或群体的身心健康的管理。广义的健康管理是建立在生理学、心理学、组织行为学等学科的研究基础上的对个体和组织发展完善状态的研究和实践。对个体的关注要素包括行为、营养、关系、环境、心理等，对组织的关注要素包括行为、关系、环境、个体健康能力、效率等。健康管理工具的流程可分为"认知——评估——策略——实施"，健康管理可以分解为专家咨询、评估和分析、纠正和提高。经理人对健康管理还存在不少误区和偏见：如对健康问题不够重视，认为健康问题是医院关注的问题，不知道身心与环境的微妙关系随时影响着工作和生活，更无法接受组织健康管理的概念。有些人对只是从报纸杂志上，甚至道听途说得来的一些健康指南确信无疑，无论是在营养、运动和关系调整方面都是心血来潮，追随时尚而不对自己全面认识和分析，在身体、心理和环境三者的关系上只注重一个或两个方面，而没有有机地统一这个关系，这就必然导致行为的偏离。经常见到对健康管理问题视而不见的现象，越是工作压力大就越不顾及健康问题，而压力又造成各种问题进一步恶化，陷入恶性循环。

第五种，学习力。

学习的重要性不言而喻，"一次性学习时代"已告终结，学历教育已被终身学习所取代。更重要的是，越来越多的人认识到，一个企业仅仅经理人个人肯学习还是无法形成竞争力的。只有当整个组织具有很强的学习力时，企业才能非常的辉煌。这是学习型组织兴起的根本。学习力是一个人学习态度、学习能力和终身学习之总和。这也是动态衡量人才质量高低的真正尺度。"未来属于那些热爱生活、乐于创造和通过向他人学习来增强自己聪明才智的人。"亨利·德特丁爵士所说的这句话完全适用于21世纪的管理者。

以下是6种终生学习的实践方法：①自觉学习：反省检讨自己的心结在哪里，盲点是什么、有哪些瓶颈需要突破是自我精进的关键途径。②流通学习：与人分享越多，自己将会拥有越多。③快乐学习：终生学习就要快乐学习，开放心胸并建立正确的思维模式，透过学习让自己完成心理准备，应对各种挑战及挫折。④改造学习：自我改造，通过学习向创造价值和降低成本努力，这种改造的效果往往是巨大的。⑤国际学习：面对无国界管理的时代，不论是商品、技术、金钱、资讯、人才等，皆跨越国界流通。因此，身为现代管理者，学习的空间也应向国际化扩展，开创全球化学习生涯。⑥自主学习：每个人有自己的生活规划时，更要自主地选择学习项目并安排自主学习计划，以迎接各种挑战。

第六种，情商管理。

你有很高的智商，但并不表示你就有高的情商，人生的成就至多只有20%归于智商，而80%归于情商。自哈佛大学推出了情商教育概念后，越来越多的经理人开始学习情商管理。美国专家Daniel Goleman写了《情商管理》一书，他对121家企业中181个不同职位的能力标准进行研究时，发现其中67%（即三分之二）的工作必备能力是"情商能力"，比如个人的自控能力、专注力、值得信任、为他人着想以及处事能力等。他的研究确定了沟通能力、团队合作能力及生活管理能力的重要性。情商管理主要包括以下内容：认识自身的情绪；善管理情绪；自我激励；认知他人的情绪；人际关系的管理，即管理他人情绪。情商管理做得好的经理，会有一些具体的表现；拥有健康的人格魅力；喜欢自己；相信自己能成功，相信有属于自己的天空；能让自己愉快的心情成长；能有效控制生活；有克己自律的习惯等。

第七种，授权管理。

有效的授权是管理者的一项基本职责。通俗地说授权是把部分工作交由别人做的管理过程。授权并不意味着放弃自己的职责。授权意味着准许并鼓励他人来完成工作，达到预期的效果。同时你自始至终对工作的执行负有责任。授权行为由三要素组成：工作之指派；权力之授予；责任之创造。一个经理人的领导权力来源于职务权力或法定权力、强制权、奖罚权、专门知识权等，他的全部权力主要由四项权力构成：全部权力（TP）＝领导权力（LP）＋下级权力（SP）＋工作设计权力（WDP）＋额外权力（EP）。如何授权？即把各项工作按重要性、紧急性来分类：重要且紧急的；重要但不紧急的；不重要但紧急的；不重要也不紧急的。根据以上分类，当进行授权时要优先考虑把第四类工作授权出去，接着是第三类，第二类，第一类。授权是发挥管理才能的一种有力手段，上层主管之授权范围占其分内工作的60%~85%，中层主管占50%~70%，下层主管占35%~55%。以下8个简单的标准能让你大致了解你进行授权的效果：当你不在场，下属继续推动例行性工作；你不感到日常工作占用太多时间；遭遇紧急事件，整个部门不出现手足无措之现象；下属不等待你示意"开动"就能着手工作；部门团结；工作按原定计划进行；下属不光执行你的命令，还有工作热忱；下属经常提供建议和意见。

第八种，PDCAR管理。

PDCAR属于舶来品，包括PLAN（计划），DOIT（立即实施），CHECK IT（实施中检验），ACTION AGAIN（吸取教训后再次行动），RECORD（继续备案供以后借鉴）.翻译过来又十分熟悉，它只是把中国的一些传统理论变形整理，系统化一个自我修炼工具。除了先天的养成和特别培训，PDCAR工具最适用于在做事中学做事，来培养"今日事今日毕"和"不犯第二次错误"的习惯。这两个习惯被西方管理界誉为"掌握其中之一，你就能成为500万（美元）富翁"的习惯。具体来说，PLAN表示经理人的每个行为都应该理性，从一个小项目到自己创业，离开了计划，得到的只会是盲目和失败，这也是企划案在现代管理中风行的原因。DO IT，这点很重要，现代社会最忌优柔寡断，在机遇面前踌躇，行动弱者的缺点在于彷徨中丧失千载难逢的机遇。CHECK IT，任何思维计划的合理性都要放在实践中检验调整，纠正方向。正确的，更大投入，将事业进行到底。有瑕疵的，查漏补缺，在危机中循序渐进。背拗的，就地停车，不犯战略性的错误，将损失减小到最低。ACTION AGAIN，汲取以往的经验或教训，不被挫折打败，再次行动，这是每个成功的经理人必备的素质和经历。ACTIONAGAIN的勇气是成功之母.RECORD，将案例备案，惠及自身和团队中的后来者。所以PDCAR几乎时时可以应用，事事可以操作，而且讲求效率，无需特殊时间和精力付出，无论是对初学者还是进阶者都是基本必需的工具，所以其生命力贯穿古今，风靡东西方的管理界和思想界。

第九种，效率与快速反应。

即使是像跨国公司那样的庞然大物，经理人个人的作用也举足轻重。能否在日理万机中张弛有度，看效率；能否在大敌压境时保证企业的利益，看快速反应。在"个性"被无限放大的未来社会里，能否具有在转瞬即逝中把握商机的快速反应，能否具有在日常经营中保证优质高效，是经理人能否成功的首要素质。经理人应该在现有岗位上从现在做起，讲求效率，做事干练，眼力好，出手快。"从一开始就作对"，也就是不返工，不重复劳动，这是强调品质管理的德国人的成功经验。"倒流程"，是丰田的发明，不积压，不浪费，产生了高效率。一个渴望成功的经理人，只有在日常工作中做到干净利落和老成持"重"，一旦需要做出快速反应时才能举一反三，游刃有余，颇显大将风度。过去的和一般的经理人，其反应带有条件反射即"刺激"才"反应"的动物性，体现的是农耕时代和工业文明的惰性。而他们在转轨时期，因为不能处理好自己与环境的关系，特别是不能首先提高分内工作的效率，在与他人和其他部门的合作中"踢皮球"和"窝里斗"，最后形成"大企业病"，在久治不愈中消磨了意志，扼杀了创造，变得世故圆滑，变成小人和市侩，在自己都不认得自己中走向人生的"低谷"。未来社会要求经理人要以战略目光审时度势，找好自己的方位；要以高昂的情绪和热情保持在"战术"上的逢战必赢；调节好心态，在身心健康的前提下以"平常心"做"非常事"；加强修养，特别是要坚持做"头脑体操"，使大脑总是处在灵感迸发的状态。

第十种，习惯管理。

习惯是一种恒常而无意识的行为倾向，反复地在某种行为上产生，是心理或个性中的一种固定的倾向。成功与失败，都源于你所养成的习惯。著名的成功学大师拿破仑·希尔说："我们每个人都受到习惯的束缚，习惯是由一再重复的思想和行为所形成的，因此，只要能够掌握思想，养成正确的习惯，我们就可以掌握自己的命运，而且每个人都可以做到。"许多事情你反反复复做就会变成习惯，人的许多行为习惯都是在做中养成的。对习惯进行管理，简单地说就是用新的良好习惯去破除和取代旧的不良习惯。改掉坏习惯，关键是明确什么是好习惯。习惯有些是具体的，有些则是模糊的，但一些好习惯是可以描述出来的：工作有计划性，分清事务的轻重缓急；以工作和生活为乐；面对自己的缺憾，利用它来激励自己和困难做斗争；做事追求高效；强调时间管理，决不拖延；强调与同伴协作，讲求双赢；强调授权并信任；时常思考；工作或生活都有激情和热情等。以上是一些好习惯，你可以学习去建立，如果已经有了这个习惯，你可以去巩固。

1883 年，拿破仑·希尔出生在一个贫寒之家，他的父母从小就教育他去做好每一件事情，并激励孩子去寻找获得成功的方法。他在 18 岁上大学时，为一家杂志社工作，有幸采访了钢铁大王、人际关系学家卡耐基，从此，他应卡耐基之邀，配合这位可敬的导师从事对美国成功人士的研究工作。希尔访问了福特、罗斯福、洛克菲勒、爱迪生在内的 500 多位成功者，并对他们进行了深入研究。20年间，他获得了博士学位，并完成了具有划时代意义的八卷本《成功规律》一书。

希尔经过数十年研究，归纳出了相当有价值的十七条黄金法则，该法则涵盖了人类取得成功的所有主观因素，使成功学这门看似神秘的学问变成了具体的、可操作的法则。它们是：保持积极的心态；要有明确的目标；多走些路；正确的思考方法；高度的自制力；培养领导才能；建立自信心；迷人的个性；创新制胜；充满热忱；专心致志；富有合作精神；正确对待失败；永葆进取心；合理安排时间和金钱；身心健康；养成良好的习惯。

## 三、管理者的素质与能力

进入新世纪新阶段，随着改革的不断深入，管理经济社会的难度进一步加大。

### （一）领导干部职业素质与能力建设存在的问题

领导干部的职业素质是指领导职业对干部的基本要求，是领导干部从事领导职业必须具备的基本素质，解决的是"为谁工作，以怎样的状态工作"的问题，即领导干部的工作价值观和工作状态问题；而领导干部专业管理能力是指领导职业的具体岗位对干部的特殊要求，是领导干部履行好领导岗位职责应该具备的专门能力，解决的是"如何工作，取得什么样的业绩"问题，即领导干部的领导水平和工作效率问题。因此，职业素质和专业管理能力是领导干部能力建设的核心内涵，是评价领导干部管理水平的重要指标。二者具有很强的相关性，统一于一名合格的领导干部个体之中，具有不可分割性。具备较高职业素质的领导干部，如果缺乏专业管理能力，不可能有力地推进工作；如果领导干部的专业管理能力很强，但职业素质不高，可能会出现政治性问题、方向性问题，而且能力越强，副作用可能会越大。

从领导干部的职业素质和专业管理能力现状来看，还存在一些与新时期对领导干部要求不完全适应的方面，迫切需要提高。突出表现在以下几个方面：

一是知识不系统，概念不规范，工作方法不科学。有的干部忙于应付日常工作，不注意学习新知识、研究新情况，知识缺乏更新，系统性不够；有的对本领域专业知识的概念认识不够清晰，使用不够规范；有的干部工作方法不科学，习惯于行政审批和资源分配，习惯于以会代会、以文传文，习惯于以经验理政、按传统行事，对计划经济体制下管钱管物管人的方式方法比较熟悉，而市场经济体制下管事的能力不强。

二是职责意识不强。有的干部整日奔波忙碌，却为事务性工作、应酬所累，不能够专注于本职岗位，未能发现问题、思考问题、解决问题；有些干部抱钱揽权、追功避责；有的副职怕担责任，甘当"二传手"；个别干部重权、轻责、趋利，怕负责任，担心影响自己的政绩和形象，影响个人的发展。

三是改革创新的能力不强。一些干部缺乏工作创新的自觉性和主动性，缺乏对制度创新、管理创新和工作创新的思考研究，在工作中满足于不求有功、但求无过，不敢针对实际情况进行改革创新，习惯被推着走；一些干部科学决策、正确决断的能力不强，不善于从宏观上思考问题，超前谋划、科学预见、创新思维的能力需要提高。一项对地方政府县处级领导干部管理能力现状的调查研究发现，被调查者的"有效沟通的能力""表达构想的能力""设计工作的能力"得分较低，"跨功能管理的能力"则为调查中得分最低的管理能力。

四是执行力不足。部分干部面对快速发展带来的新情况、新问题，不善于协调处理各种利益关系；有的干部创造性贯彻上级决策部署的能力较差，满足于照抄照搬上级要求；有的干部缺乏大局意识，固守地方、部门利益，不能坚决地全面落实上级要求，甚至不惜为局部利益损害整体利益；有些副职独立开展工作的能力比较弱，关键时刻束手无策、一筹莫展；部分年轻干部预见问题、综合协调、解决复杂问题的能力不强。当前一些领导干部对加强领导干部的职业素质和专业管理能力建设还存有一些认识上的误区。比如，有的同志"把高学历当成高素质"，认为有了一张文凭就万事大吉、高枕无忧了，不在提高实际工作本领上下苦功；有的"把资历老等同于水平高"，不愿意迎接新挑战、接受新事物，经常沉浸在"过五关斩六将"的辉煌中；有的"把职务高视为本领强"，以为随着职务的提升，能力水平自然水涨船高，等等。增强管理者的能力素质，必须走出这些认识上的误区，全面审视领导干部自身能力素质的短板和弱项。看不到差距就是最大的差距，认识不到问题就是最危险的问题。既要看到自身"行"的一面，更要看到自身"不行"的一面，不能自我满足、自我感觉良好，陶醉在"我的思路最可行、我的方法最管用、我的素质最全面、我的能力最强"的幻觉和错觉中。

六大不良管理习惯：

（1）增删制度，随心所欲。有些企业在制定制度时，不是根据企业的实际情况和需要，而是一味仿效成功企业所用制度，或东搬西抄，或简单拷贝。这样制定出来的制度，科学性、系统性、准确性都存在问题，一旦执行，先天缺陷即暴露无遗。于是企业管理者又会发出增删制度的命令。其实成功企业，各有各的特色，各有各的企业文化和管理机制，因此，切忌生搬硬套。

（2）藐视制度，执行不力。一些企业的管理制度，时常会出现前后矛盾、左右冲突的尴尬状况。大多数企业管理者这时不是考虑怎样系统地完善制度，而往往会告诉执行者：制度是死的，人是活的，不能死抱着制度不放，原则性应该和灵活性相结合。言下之意，制度不必事事、时时执行，于是制度的权威性被打了折扣。

（3）执行制度，网开一面。某些业务骨干、爱将出现了违规行为时，企业管理者往往不愿执行制度，或网开一面，或从轻发落，并美其名曰：特事特办，个案处理。管理者也意识到这种做法对企业的制度化管理不利，所以还会补充叮咛一句"下不为例"。

（4）轻易承诺，随意反悔。有些企业管理者往往会在情绪好的时候轻易承诺奖励下属，或答应一些平时不肯松口的事情，可是冷静下来之后又会反悔或装糊涂。这样做的结果，自然只能给员工留下说话不算数的坏印象。

（5）会议决定，绕开制度。遇到一些没有把握或不便个人表态的"棘手"问题，企业管理者通常会召开会议讨论，说是尊重集体的决定，其实是将一班人凌驾于制度之上。这是权大于法在企业里的一种表现形式。国家现行的有关法规中规定，涉及员工切身利益的制度，得由员工代表大会或企业工会组织按一定的法律程序通过才能变动或废除，但有些企业并不如此操作，显然，这已经不仅仅是个遵守企业规章制度的问题了。

（6）各搞一套，常换制度。伴随管理者的新老交替，企业管理制度也不断变更，美其名曰体现个人管理风格和经营理念，却忽视建立真正适应并促进企业发展的制度。

## （二）国内外领导干部职业素质与能力建设研究分析

20 世纪初以来，国外心理学、管理学界围绕国家行政机关、企业及其他社会团体管理者的管理能力素质及其评价问题进行了广泛而持久的研究。尤其 20 世纪中叶以后，随着测量、统计、评价、管理、行为等科学理论的更新和技术的发展，西方发达国家有关现代人才测评理论及技术的研究更为活跃，相继推出了不少有关管理潜能素质、一般管理技能、行业特殊管理能力素质的研究成果。这些研究成果的广泛应用，对评价管理人员的发展潜能及人员配置的优化和恰当任用，起到了积极有效的作用。主要评价方法有结构化面试、工作模拟、文件框作业、生活旅游等，评价要素多达数十种，其中最关键的要素有管理观念、思维反应、自信心、群体意识、意志力、判断力、沟通能力、交往能力、组织能力、协调能力、规划能力、领导能力和创新能力等。以现代测评理论为指导的评价中心技术，其预测效率在现行各种测评方法中最高。

有关干部一般管理能力素质评价的研究起步于 20 世纪 80 年代初，但主要限于少数考试及人员测评专业研究工作者范围，仅提出了一些不同类别管理人员测评要素模式的理论构想。其中教育、科技行业管理人员测评的素质和能力要素主要为：政策水平、法制观念、群众观念、责任感、决策能力、独创能力、组织能力、授权能力、协调能力、人际关系能力、组织能力、控制能力、信息沟通能力等。《各类干部岗位知识能力规范参考手册》一书，曾对 607 种干部岗位知识与能力素质的标准和评价要素作了界定，其中有关科技高级管理人员能力素质的评价要素为组织协调能力、开拓能力、语言文字能力和业务实施能力等。同期推出的管理人员测评要素模式，管理人员的能力素质测评模式，所涉能力素质评价要素按出现频率高低可排列为：政策观念、法制观念、责任感、服务意识、表达能力、信息沟通能力、综合分析能力、决策能力、组织协调能力、知识更新能力和应变能力等。2000年中共中央组织部颁发的《全国公开选拔党政领导干部考试大纲》，其运用范围包括事业、企业单位公开选拔领导干部和相应职位的选拔考试，适用职务层级为副科至正厅。《大纲》将领导能力素质的测评要素规定为："逻辑思维能力，语言表达能力，计划能力，决策能力，组织协调能力，人际沟通能力，应变能力，创新能力。"以上两种测评要素模式，都无法直接用于国家事业机关干部一般管理能力素质的评价。人事部推出的测评量表是针对企业中层管理人才选拔开发的，不适宜事业机关引用。而中组部规定的测评要素模式是按照结构化面试的原理和规程设计的，不能采用结构化的纸笔测验方式实施。因此，我国机关干部一般管理能力素质评价要素的研究，无论是理论设计，还是量表研制，都还处于探索阶段。

管理活动是一种人为的社会活动，它由管理认识活动、管理实践活动和管理评价活动组成。其中管理实践活动是核心和基础，它检验管理认识和管理评价的正确性，使观念形态的管理认识和管理评价的结果对象化、现实化，而管理认识活动和管理评价活动因管理实践活动而展开，同时又决定着管理实践活动的方向和内容，并影响管理目标实现的程度。领导干部作为管理活动的主体，其管理能力素质水平高低对管理结果发挥着决定性作用。领导干部的管理能力素质，是以先天生理素质为基础，在教育、环境及实践锻炼的作用下逐步形成，并影响管理行为有效性的一种内在心理特点。综合性、稳定性、差异性和可塑性，是其基本特性。"计划、组织、指挥、控制、协调"是其理应履行的基本职能。领导干部在管理活动中需扮演四种角色，即计划决策角色、沟通协调角色、组织控制角色和决策执行角色。领导干部管理能力素质的评价要素体系包括三个层面，即管理意识、管理策略、管理技能。管理意识是从事管理工作的前提和先决条件，而管理意识转化为实际管理技能还需要中介——管理策略。管理策略并非指具体谋略，而是指思维品质和思维方式，这决定着管理者看问题的角度与深度。管理策略的高低往往可以决定管理者事业的成败和贡献的大小。管理技能则是与管理工作相适应的实际管理技能。三个层面又包括权威意识、责任意识、授权意识、协调意识、政策法纪意识、管理策略、计划决策、组织协调、管理控制和应变创新十个要素，这些要素构成一个相对独立、彼此依存、相互影响的互动性结构体系。

世界管理大师德鲁克说："卓有成效的管理者正在成为社会的一项极为重要的资源，能够成为卓有成效的管理者已经成了个人获取成功的主要标志。而卓有成效的基础在于管理者的自我管理。"也就是说，作为组织和团队的主心骨与领导者，要想管理好别人，必须首先管理好自己；要想领导好别人，必须首先领导好自己。

## （三）优秀管理者的管理能力

第一，激励的能力。优秀的管理者不仅要善于激励别人，还要善于自我激励。如果我们用激励的方式而非命令的方式向下属安排工作，更能使其体会到自己的重要性和工作的成就感。激励的方式并不会使你的管理权力被削弱。相反的，你会更加容易地安排工作，并能使他们更加愿意服从你的管理。作为一个管理者，特别是高层管理者，每天都有很多繁杂的事务及大量棘手的事情需要解决，管理者的压力可想而知，自我激励是缓解这种压力的重要手段。通过自我激励的方式，可以把压力转化成动力，增强工作成功的信心。

第二，控制情绪的能力。一个成熟的领导者应该有很强的情绪控制能力。当一个领导者情绪很糟的时候，很少有下属敢汇报工作，因为会担心他的坏情绪影响到对工作和自己的评价，这是很自然的。一个高层管理者情绪的好坏，甚至可以影响到整个公司的气氛，如果他经常由于一些事情控制不了自己的情绪，有可能会影响到整个公司的效率。从这点意义上讲，当你成为一个管理者的时候，你的情绪已经不单单是自己私人的事情了，它会影响到你的下属及其他部门的员工，而你的职务越高，这种影响力越大。为了避免在批评员工时情绪失控，最好在自己心平气和的时候再找他谈话。另外，有些优秀的管理者善于使用生气的方式来进行批评，这种批评方式可能言语不多，但效果十分明显，特别适用于屡教不改的下属。这种生气与情绪失控不同，它是有意的，情绪实际上处于可控状态。虽然控制情绪如此重要，但真正能很好地控制自己情绪的管理者并不多，特别是对于性情急躁和追求完美的管理者而言，控制情绪显得尤为困难。有一个简单的方法可能会对控制情绪起到一些作用。当你非常气愤的时候，可以这样做：默念数字，从 1 数到 20，然后到户外活动 5 分钟。

第三，幽默的能力。幽默能使人感到亲切。幽默的管理者能使他的下属体会到工作的愉悦。管理者进行管理的目的是为了使他的下属能够准确、高效地完成工作。轻松的工作气氛有助于达到这种效果，幽默可以使工作气氛变得轻松。在一些令人尴尬的场合，恰当的幽默也可以使气氛顿时变得轻松起来。可以利用幽默批评下属，这样不会使下属感到难堪。当然，对于那些悟性较差或顽固不化的人，幽默往往起不了作用。幽默不是天生的，幽默是可以培养的。再呆板的人，只要自己努力都可以逐渐变得幽默起来。美国前总统里根以前也不是幽默的人，在竞选总统时，别人给他提出了这方面的建议。于是他采用了最笨的办法使自己幽默起来：每天背一篇 幽默故事。但是，幽默不是讽刺，讽刺别人会使人厌恶，甚至产生对抗。讽刺式的幽默会让别人感觉你在利用别人的弱点或短处，会产生很不好的影响。

# 第三章　干部六大核心管理技能训练

## 第一节　核心管理技能一——自我管理能力

### 一、角色认知

一天，英国女王伊丽莎白敲卧室的门，丈夫菲利普亲王问："谁？""英国女王！"但菲利普并未理会，女王再次敲响了门。"是谁？""伊丽莎白二世！"菲利普依旧没有开门。女王终于意识到问题所在，她又敲了第三次门。"谁？""我是你的妻子，能开开门吗？"菲利普亲王微笑着打开了房门。

在一次董事长专职驾驶员的招聘会上，有人问应聘者汪先生："如何担负起老板驾驶员的角色？"汪先生的回答让人非常满意。他说："我要扮演好四个角色。一是驾驶员角色，安全、快速、准确地将老板送到目的地。二是保镖角色，要保护好老板的人身安全。三是服务员角色，为老板做好后勤服务。四是私人秘书角色，帮助老板处理一些事情，遵守保密的原则。"后来，汪先生被成功录用。

只有正确的角色认知，才使我们成为正常的社会人。我们厘清各个角色之间的关系，按照对应关系，认真扮演好角色，才能有效地担负起每个角色所赋予的责任。

#### （一）下属的角色——士兵

杭州某企业生产副总经理蔡总打电话给生产部经理，要求其今天下午派人去协作厂验货，明早9点前出货。

生产部经理没有表示异议，他马上打电话给质检部主管。质检部主管回复说，老板叫他陪同一个重要客户，所以没空。

"那你派个质检员去吧！"生产部经理说。

"一个质检员请假，另外两个质检员都在厂里忙着验上海客户的货，估计还要加晚班。实在走不开。"质检部主管答道。

快下班了，蔡总又打电话给生产部经理，问他有没有去协作厂验货。生产部经理有些情绪地说："质检部主管说了，他们都很忙，一个人手都抽不出来。"

蔡总发火了，语气很重："既然质检部忙，不能执行这个任务，你又没有别的方法完成这项计划，那你为什么不及时向我汇报呀？！将问题放在自己那里等谁来处理呀？！如果你不能做，我可以叫别人来做！"

下属的角色就像士兵一样，要认真执行上司交代的任务。既然你答应了上司的指令，就要不折不扣地完成。如果在处理的过程中发现有困难，自己又不能解决，这个时候你千万不能将问题停留在你那里，要及时向上司汇报，等待上司新的指令，切忌私自决定。这是很多中层干部常犯的毛病。

下属常见的两种错误角色认知：民意代表和越位。下属不是什么民意代表，他是上司的职务代理人，是上司的代言人，不是投票选出的意见领袖。

嘉兴某化纤公司为了严格车间现场管理纪律，将现场违规吸烟处罚加到每次300元，在责任区发现一根烟头，处罚加到每根200元，并发文让各车间主任组织学习。学习完毕，生产副总经理召集各车间主任谈感想。前纺车间汪主任说："我上周就组织班长、一线操作工学习过了，他们一致认为，处罚太严重，制度不合理。"生产副总于是问汪主任："那你的意见呢？"汪主任一脸的不屑："我觉得他们说得很对！"

其实，汪主任的回答是相当不妥的，处罚力度的加大已经表明公司非常重视。这不是什么合不合理的问题，是愿不愿意去执行的问题。将自己当成意见领袖，与上司，甚至公司公然对抗或消极应付，都是不理智，甚至有些愚蠢的行为。不能站在公司管理者的高度想问题的人，公司是不会给予太多的发展空间的。

萧何跟随刘邦南征北战，为汉朝江山立下了汗马功劳。为此，刘邦特别恩赐他上朝时可穿鞋带剑，不必遵循常礼。可是，萧何处处遵守礼仪，他知道，皇上可以让你放肆，那是对你的恩赐，你铭记在心就是，你要真的放肆，就是对皇上的大不敬。所以他把分寸掌握得极为得体，没有因为细节问题为自己惹是生非。《史记》上记载，萧何做请示，无论是制定法令制度，还是建宗庙、社稷、宫室、县邑，总是尽快向刘邦报告，得到同意后，他才开始实施，从不自作主张。尽管刘邦对治国之道采纳众议，而萧何从来都是只献策绝不决策。他的这一做法，使刘邦极为高兴，最后，论功行赏时，把功劳的给了萧何。在刘邦看来，这个副手既能干，又没有野心，是靠得住的，所以，刘邦破例没有除掉萧何，君臣得以相安无事几十年。

在职场中，要创造和谐的人际关系，就要掌握为人处事的分寸，遵循在职责范围和权限内办事，千万不能越位。正所谓：在其位，谋其政，行其权，尽其责。

## （二）上司的角色——企业教练

### 1. 什么是教练

国际教练联合会( International Coach Federation，简称ICF )对"教练"下了定义：教练（Coach）与自愿被教练者（Coachee），在人格深层次的信念、价值观和愿景方面相互联结的一种协作伙伴关系。通过一个持续的流程，"挖掘、目标设定、明确行动步骤"，实现卓越的成果。"教练"一词源于体育，是训练运动员，培养运动员夺冠军、拿金牌的重要支持者。在20世纪80年代，"教练"词在美国被首次引入企业管理领域，我们称之为"企业教练"。

### 2. 什么是企业教练

笔者反对现在某些培训机构大力推广的带有某些玄学性质的"教练技术"（心灵研修）。所谓企业教练，不搞"心灵"传销，不打鸡血，无非就是将体育实用教练技术，引入企业管理，帮助下属通过学习获得成长的人。

### 3. 企业教练技术有哪些作用

（1）明确员工或团队的目标，协助订立业务发展策略，提高管理效益；

（2）激发员工的潜能和创意，提升解决问题的能力，冲破思想限制，创造更多的可能性；

（3）使员工的心态由被动待命转变为积极主动，素质得以提升；

（4）把所有的能量都集中在团队的目标上。

昆山某台资企业客户服务中心在季度考评中，发现部门的 Tommy 得分最低，按照以往惯例他是要被淘汰的。实施企业教练管理后，公司人力资源部和客户服务中心共同对 Tommy 的得分弱项制订详细的改善计划。如果 Tommy 考核不过关，教练将负连带责任。在教练的帮助下，Tommy 的工作有了很大的帮助。

企业的中层干部，作为上司的角色，应该成为企业的教练，对下属实施有效的传（传授技艺）、帮（帮助解决问题）、带（带领进步）。这有点像师傅带徒弟，但教练比师傅更系统、专业，也更善于激励下属克服困难、达成目标。

## （三）同事的角色——内部客户

在月度例会上，研发部经理（刚来公司 2 个多月）问人力资源部经理："上次月度例会上我提出需要招聘 2 名系统工程师，现在人员准备情况如何？"人力资源部经理很惊讶地说："你们至今也没有填写"部门员工需求申请单"呀，没有申请单，我们是不可以招聘的。"研发部经理说："也没有人告诉我，招人要先填单子呀。"

在这个案例中，人力资源部作为招聘服务部门，接到研发部的口头需求时，就有义务提醒他们填写"部门员工需求申请单"。当然，研发部经理也不能因为自己不熟悉业务，就想当然地坐等其他部门服务。

内部客户服务，实质上也是一种客户服务，只不过要求没那么高。既然是一种客户服务，如果要使客户满意，那就必须同时符合这四个特征：主动、及时、热情、规范。部门之间多一些主动，就会少一些被动；多一些及时，就会少一些延误；多一些热情，就会少一些误解；多一些规范，就会少一些扯皮。

要注意的是，内部客户服务，需要按照流程、制度去规范处理，不是无原则的。否则会陷入内部客户服务的陷阱，导致服务部门丧失基本的尊严。

销售部经理是公司老板的宠儿，各部门经理都会让他三分，财务部经理亦是如此。按照公司出差报销规定，销售部经理的住宿标准每天不超过 300 元。一次，财务部经理在审核销售部经理报销费用时，发现有一张住宿发票是 580 元一晚。对这项超标费用财务部经理询问销售部经理，销售部经理说是老板同意过的。财务部经理想：既然是老板同意的，那就签字批准吧，顺便还能做个顺水人情呢。

谁知第二天，总经理将财务部经理叫上去一顿痛批，责问他为什么超标审批。财务部经理一肚子苦水却倒不出。

各部门之间都是按照规范行事，不存在贵贱之分，不能惯所谓的"红人"。

## 二、责任意识

为了弄清楚责任意识到底是什么，我们不妨先来阅读几则故事。

武汉有一座建设于1917年的文物建筑"景明大楼"，这座武汉的"明星"楼房是英国的一家设计事务所设计的。80个春秋之后的某一天，它的设计者从英国给这房屋的业主寄来了一份信函，函中写道："景明大楼是本事务所在1917年设计的，现已到了房屋的使用年限，现提醒业主查看房屋状况并及时修整。"80年时光，远隔万里的设计单位仍对曾做过的工作如此负责！这座楼房当时的设计者、建筑工人恐怕早已不在人世，然而人不在，责任却没有丢。历经了近一个世纪的变迁，这个设计所一批批职员肩负起责任，并将责任一代代传给后来人，一如既往地履行着自己的社会责任，能做到这一点，真是令人赞叹！

责任就是一种对职业的忠诚与信守。在美国曾经发生过这样的一个故事。

有两个年轻人，一个叫约翰、另一个叫哈里，同时进入一家蔬菜贸易公司。3个月后，哈里很不高兴地走到总经理的办公室，向总经理抱怨说："我和约翰同时来到公司，现在约翰的薪水已经增加了一倍，职位也升到了部门主管。而我每天勤勤恳恳地工作，从来没有迟到、早退，对上司交代的任务总是按时地完成，从来没有拖沓过，可是我的薪水一点也没有增加，职位依然是公司的普通职员。"

总经理没有马上回答哈里的问题，而是意味深长地对他说："这样吧，公司现在打算预订一批土豆，你先去看一下哪里有卖的，回来我再回答你的问题。"于是，哈里走出总经理办公室，找卖土豆的蔬菜市场去了。半小时后，哈里急匆匆地来到总经理办公室，向总经理汇报："20千米外的集市蔬菜批发中心有土豆卖。"总经理问："一共有几家卖土豆的？"哈里挠了挠头说："我刚才只是看到有卖的，没有留意有几家，你等一会儿，我再去看一下。"说完又急急忙忙地跑出去。

20分钟后，哈里喘着气跑回总经理办公室汇报，"报告总经理！一共有3家卖土豆的。"总经理问："土豆的价钱是多少？3家的价格都一样吗？"哈里愣住了，挠了挠头说："总经理，你再等一会儿，我去问一下价格。"说完，又要往外跑。这时，总经理叫住他："你不用再去了，你去帮我把约翰叫来吧。"

3分钟后，约翰和哈里一起进了总经理办公室，总经理先对哈里说："你先坐下来休息一下吧。"然后对约翰说："公司现在打算预订一批土豆，你去看一下哪里有卖的？"

40分钟后，约翰回来向总经理汇报："在20千米外的集市蔬菜批发中心有3家卖土豆的，其中两家是0.9美元1千克，但一个老头只卖0.8美元1千克。我看了一下他们的土豆，发现老头的最便宜，而且质量最好，因为他是自己农场种植的。如果我们需求量大，价格还可以优惠，并且他有货车，可以免费送货的。我已经把老头带来了，就在公司大门外等着，要不要让他进来具体谈一下？"

总经理说："暂时不用了，你让他先回去吧。"于是约翰就出去了。这时，总经理才对目瞪口呆的哈里问："你都看到了吧！如果你是总经理，你会给谁加薪晋职呢？"哈里惭愧地低下了头。

责任，是一种发自内心的自动自发，是一种职业化的主动。

杭州某化纤企业利用限电放假时间，给公司甲乙丙三班员工进行安全教育培训，每天培训一班，培训时长为2个小时。

第一场受训的是甲班班长及其下属操作员工。在上课前，公司培训部经理对受训人员说："手机全部设置成振动或关机，上课时间，手机响的，每次罚款50元。"在培训过程中，甲班有两个人手机响了，各处以罚款50元。

第二场受训的是乙班班长及其下属操作员工。在上课前，公司培训部经理对受训人员说："手机全部设置成振动或关机，上课时间，手机响的，每次罚款50元，班长负有连带责任，处罚一半。"培训过程中，乙班有一个人手机响了，罚款50元，班长罚了25元。

第三场受训的是丙班班长及其下属操作员工。在上课前，丙班的班长第一个到教室，找到培训部经理，问怎么能使员工的手机上课时不响。培训部经理说，要将员工的手机一个个检查一下，看是否关机了，他"如法炮制"。培训过程中，丙班果然没有一个人手机响。

为什么结果是这样的呢？因为丙班的班长有很强的责任心，这种责任心驱使他一心想把事情做好，驱使他主动找到培训部经理，让培训部经理帮他想办法，并认真执行，不得失误。而甲班、乙班班长责任心不强，所以他们不会把领导交代的事当真，以为说过了就等于做过了。他们当然未能采取假如手机响了怎么办的预防措施，这种粗放式管理，不出问题才怪。这种问题的发生，并不是说明他们的管理能力有多大问题，只是因为没有责任意识而已。

责任胜于能力，这句话并不是否定能力，因为责任才是能力中的核心能力。责任感，即责任意识，是一种维护职业尊严的意识，是一种自动自发的意识，是一种完美的追求意识。它是我们工作的一切力量源泉。

我们知道，我们承担起工作（岗位）的责任，就要有一种维护职业荣誉的使命。不要让自己的失职玷污职业的光荣。

为职业的荣誉而工作，就是主动争取做得更多，承担更多的责任；为职业的荣誉而工作，就是全力以赴，满腔热情地做事；为职业的荣誉而工作，就是为企业分担忧虑，给领导减轻压力，给同事下属以帮助；为职业的荣誉而工作，就是自动自发，最完美地履行你的职责，让优秀成为一种习惯。

遗憾的是，很多人只是为钱而工作，为老板的赞赏而工作，为自己的舒服而工作，并没有考虑到职业所赋予的尊严。就像一名军人，如果不去考虑保家卫国的光荣，而整天琢磨转业的待遇，是十分悲哀的。

现实中，很多人习惯于推卸责任，谋求自保。其实，推卸责任的人，上司往往都看得一清二楚。真正有智慧的人，勇于担负起应该承担的责任。

晚上，劳累了一天的父母在厨房烧菜，到了开饭的时间，父亲看到大儿子玩电脑游戏，就责令他关掉电脑，帮父母盛饭。大儿子装着没听到，继续玩。父亲恼火地说："快过来盛饭，不然砸碎你的电脑。"大儿子无奈关掉电脑，帮父母盛饭。

而同样玩电脑游戏的二儿子在被父亲责令关掉电脑后，很听话地，马上关了电脑，帮父母盛饭。而换成三儿子，到了开饭的时间，正在玩电脑的他看到父母还在忙，就关掉电脑，主动帮父母盛饭。

毫无疑问，做父母的，都喜欢三儿子，都会夸他懂事。但你要知道，这三个儿子，每个人同样都盛了饭，没有人少做，为什么结果有如此大的差别呢？

不让领导操心，为领导解忧，主动参与集体，甘为团队奉献，这样的人，怎么不会成为企业的中流砥柱呢？这样的人，怎么不会拿高薪呢？

## 三、时间管理

山脚下有一堵石崖，崖上有一道缝，寒号鸟就把这道缝当作自己的窝。石崖前面有一条河，河边有一棵大杨树，杨树上住着喜鹊。寒号鸟和喜鹊面对面住着，成了邻居。

几阵秋风，树叶落尽，冬天快要到了。

有一天，天气晴朗。喜鹊一早飞出去，东寻西找，衔回来一些枯枝，就忙着垒巢，准备过冬。寒号鸟却整天飞出去玩，累了回来睡觉。喜鹊说："寒号鸟，别睡觉了，天气这么好，赶快垒窝吧。"寒号鸟不听劝告，躺在崖缝里对喜鹊说："你不要吵，太阳这么好，正好睡觉。"

冬天说到就到了，寒风呼呼地刮着。喜鹊住在温暖的窝里。寒号鸟在崖缝里冻得直打哆嗦，悲哀地叫着："哆罗罗……哆罗罗……寒风冻死我，明天就垒窝。"

第二天清早，风停了，太阳暖烘烘的。喜鹊又对寒号鸟说："趁着天气好，赶快垒窝吧。"寒号鸟不听劝告，伸伸懒腰，又睡觉了。寒冬腊月，大雪纷飞，漫山遍野一片白色。北风像狮子一样狂吼，河里的水结了冰，崖缝里冷得像冰窖。就在这严寒的夜里，喜鹊在温暖的窝里熟睡，寒号鸟却发出最后的哀号："哆罗罗……哆罗罗……寒风冷死我，明天就垒窝。"

天亮了，阳光普照大地。喜鹊在枝头呼唤邻居寒号鸟。可怜的寒号鸟在半夜里冻死了。

这是二则小学的寓言故事，说出来，好像没啥新意，但说明一个道理，"拖延"是时间管理的第一杀手。这是绝大多数人时间管理中的第一个需要解决的问题。

以下是南京某纸业公司一车间领班一个上午的工作记录：

7:45-8:00 开班前会。

8:01-8:35 车间办公室喝茶与统计员闲聊。

8:36-9:05 核对统计报表，并签字，其间看手机8分钟。

9:06 生产副总巡查至车间办公室，责问车间领班，制浆工段地面有很多积水是怎么回事，领班回复马上去看看。

9:06-9:28 现场处理地面积水问题。

9:29-9:40 赶回车间办公室。手机上抢了两次红包，发了一次红包。

9:41 班组某员工至车间办公室向领班汇报，三号机组电机可能烧坏了。

9:42 车间领班打电话给机电班长，请其安排人员修理。

9:43-10:00 品管部刘娜娜过来送质检报告，领班顺便与其聊天。

10:01-10:05 喝茶与统计闲聊。

10:06-10:15 到车间转了一圈。

10:16-10:30 上厕所。

10:31-10:50 车间办公室喝茶、玩手机。

10:51 车间主任打电话，确认电机修理、现场地面积水处理情况，领班说：再去现场看看。

10:52-11:10 赶到办公室，回复车间主任电话。车间主任批评领班，不要一天到晚待在办公室，应加强现场巡查。

11:11-11:30 生车间主任气，向统计员抱怨，等着吃中饭。

从以上记录可看出，这位领班忙忙碌碌一上午，工作没有条理，分不清事件的轻重缓急。这是时间管理的第二大杀手。

要克服时间管理的杀手，我们来看看一些方法。这些不是什么偏方，也都是老方子，但很管用，一点都不过时。只是有些人不愿意尝试，或者尝试了不愿意坚持。不坚持，是不会知道时间管理的益处的。

## （一）如何克服拖延？三板斧最管用。

### 1. 养成列日计划、日清日毕的习惯

这里有两个误区：很多中层干部不愿意做书面计划，认为计划都在脑海中，不愿做流水账回忆录。其实书面计划，可以更加详细不至于遗漏，可以分清轻重缓急，不至于乱了阵脚。

中层干部每天上班前花 5 分钟，做一个当日的计划，这是职业化的要求，也是一种职业素养。为了监督中层干部的日计划，有些企业的 OA 办公系统里会有部门经理、部门主管的日计划项目，没有填写的或没有按时填写提交的主管，总经理或主管副总经理的系统就会立即提醒。

日清日毕，就是当天做的计划，当天必须完成。这个提法在中国最早起源于海尔，在海尔也执行得最好。这个工具的好处是上司可以监督下属工作，让下属工作不至于失控，下属执行力明显增强。海尔张瑞敏有一句名言："执行力是检查出来的，大部分中国人只做有检查的事。"其他企业执行日清日毕不好的原因，就是上司不愿意检查下属的工作计划和完成情况。

**2. 实施监督和惩罚**

找一个监督人或自我监督，拖延一次，惩罚一次。惩罚手段包括请监督人吃饭，自己跑 2000 米，拿走一样自己喜欢的东西送人，不吃晚饭等。

**3. 事先跟人说任务和问题几时解决**

比如，总经理打电话给你，让你写一份上月的销售情况和客诉问题的总结，为了防止自己拖延，你直接跟总经理说，明天下午 5 点前交给他。这个答复就直接斩断了拖延的后路。

## （二）如何克服工作没有条理性，一个工具或一个表格就好

先来看一个表格。这个表格就是程式化的表格。我们按这个表格来处理南京某领班一上午的工作计划。

南京某纸业公司车间领班工作对照表

| 时间 | 工作事项 | 完成情况 | 异常情况备注 | 工作联络人签名 |
|---|---|---|---|---|
| 7:45–8:00 | 开班前会 | | | |
| 8:00–8:30 | 交接班巡查（第一次巡查） | | | |
| 8:00–9:00 | 填写巡查记录，处理巡查问题 | | | |
| 9:10–9:25 | 接受质检报告，对异常问题电话告知各小组长 | | | |
| 9:25–9:45 | 向车间主任电话汇报问题 | | | |
| 9:45–10:15 | 车间二次巡查（重点设备） | | | |
| 10:20–10:50 | 填写巡查记录，处理巡查问题 | | | |
| 11:00–11:30 | 中饭 | | | |

这个表格清晰地罗列了领班一上午必须做的事情，它减少了上级的催、领班的忘，效率确实提高不少。当下属工作比较程式化时，我们不妨设计这样的表格。

再来看一个工具，就是紧急重要性工具。

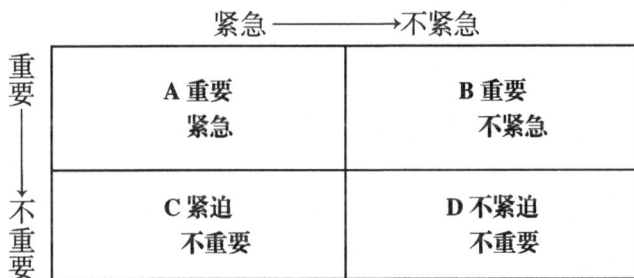

这个工具的好处就是可以分清事件的重要性和紧急性，然后按照先后顺序，有条有理地开展。

下面有一个题目，我们一起来看看如何按紧急重要性来分解。

一位休产假的妈妈和她3个月的孩子在家，以下事情同时发生，这位妈妈应该怎么做呢？

（1）摇篮里的孩子在哭；

（2）煤气灶上的水开了；

（3）自己的手机短信语音提醒：公司财务总监询问这个月报表能不能在明

天报统计局；

　　（4）快递员在门外喊包裹到了；

　　（5）家里的猫将宝宝的奶瓶碰倒了；

　　（6）闺蜜在 QQ 发来一张自拍照，问她刚买的裙子怎么样；

　　如果我们不按重要紧急性工具来执行，而是想做什么就做什么会发生什么事呢？

　　比如这位妈妈，不愿意快递小哥在外面等，赶忙开门取货，再慢慢地任性地拆开包装，发现是一件漂亮的裙子，要不要试试看合不合身呢？放任煤气灶上的开水咆哮和摇篮里的宝贝哭叫。

　　又或者这位妈妈不愿意宝贝哭，抱起宝贝就去关煤气 灶，宝贝一哭闹，小手小脚不经意就碰到了滚烫的开水。

　　再或者这位妈妈，看到家里的猫居然碰倒宝宝的奶瓶，甚是抓狂，于是乎，就在家里演了一场人抓猫的游戏，从客厅追到厨房，从厨房追到卧室，从卧室追到阳台，任凭你孩子哭闹，开水叫嚣。

　　我们中层干部如果不按重要紧急性来管理时间，其结果也会像这位母亲一样吧。为了避免工作的混乱和效率低下，那就让我们从每一天开始，在笔记本上运用这个工具来开始我们一天的新计划吧。

## （三）消除这些干扰因素的方法

　　最后我们来看看如何克服干扰。我们将干扰分为两部分：一部分是被动干扰，另一部分是主动干扰。被动干扰包括电话、QQ、微信，不速之客，外界环境嘈杂等；主动干扰包括缺乏自律、不定心、缺乏计划性等。

### 1. 我们要找到干扰源

　　找到影响我们效率的坏习惯，清除这些要素，效率会有明显提升。比如，我们写月度总结计划预估是 2 个小时。影响的因素有：下属员工时不时进来汇报；手机时不时响；电话时不时响。你可以先跟下属交代一下，14:00-16:00，没有非常重要的事，不要进来汇报；手机设置静音；电话可以转到秘书代接，非紧要事件不必汇报。

**2. 要克服不定心的心态，养成自律的习惯**

什么叫不定心？俗话说就是坐不住。屁股还没有坐热3分钟，就想离开。刚做了10分钟的事，就东摸摸，西捏捏，南看看，北瞧瞧，时间都消耗在这些坏习惯当中。可以在手机上设置一个闹钟时间，看自己是否能坚持工作到铃响。一次次的坚持，终会养成自律的习惯。

**3. 学会拒绝**

拒绝什么？拒绝一些无意义的邀请，拒绝一些不速之客，拒绝本应该下属自己处理的事，拒绝一些无聊的谈话等。不善于拒绝的人，无聊的事将越来越多，偷走你的宝贵时间，等你感叹时间都去哪儿了，一切就悔之晚矣。

# 第二节　核心管理技能二——有效沟通能力

海尔的掌舵人张瑞敏说："中国海尔和美国海尔的干部，我作过对比，发现其实他们实力差不多，中方的干部唯一欠缺的就是沟通技能，它是我们海尔发展的一个短板。这也是中国企业普遍存在的问题。"

说到沟通，很多人都有这样一个误解，以为沟通就是说话。其实沟通包含的内容有口语、书面材料、情绪、肢体动作、声音语调、图像等。

沟通不是只是讲话，而是要讲有效的话，以达成沟通的目的，这就是我们通常说的有效沟通。我们先来看一个案例。

公司为了奖励销售部的员工，制订了一项青岛旅游计划，名额限定为10人。可是13名员工都想去，部门经理需要再向上级领导申请3个名额，如果你是部门经理，你会如何与上级领导沟通呢？

沟通方式一：

部门经理对上级领导说："李总，我们部门13个人都想去青岛，可只有10个名额，剩余的3个人会有意见，能不能再给3个名额？"

李总说："筛选一下不就完了吗？公司能拿出10个名额就花费不少了，你们怎么不多为公司考虑？你们呀，就是得寸进尺，干脆不让你们去旅游就好了，谁也没意见。我看这样吧，你们3个部门经理，姿态高一点，明年再去，这不就解决了吗？"

沟通方式二：

部门经理对上级领导说："李总，大家今天听说可以去旅游，非常高兴。觉得公司越来越重视员工了。领导不忘员工，真是让员工感动。李总，这事是你给大家的惊喜，不知当时你怎么想到这个好主意的？"

李总说："真的是想给大家一个惊喜，这一年公司效益不错，是大家的功劳，考虑到大家辛苦一年。年终了，第一，是该轻松轻松了；第二，放松后，才能更好地工作；第三，是增加公司的凝聚力。大家高兴，我们的目的就达到了。"

部门经理："也许是计划太好了，大家都在争这10个名额。"

李总："当时决定10个名额是因为觉得你们部门有几个人工作不够积极。你们评选一下，不够格的就不安排了，就算是对他们的一个提醒吧。"

部门经理："其实我也同意领导的想法，有几个人的态度与其他人比起来是不够积极，不过他们可能有一些生活中的原因，这与我们部门经理对他们缺乏了解，没有及时调整都有关系，责任在我。如果不让他们去，对他们打击会不会太大？如果这种消极因素传播开来，影响不好吧。公司花了这么多钱，要是因为这3个名额降低了效果太可惜了。我知道公司每一笔开支都要精打细算。如果公司能拿出3个名额的费用，让他们有所感悟，促进他们来年改进。那么他们多给公司带来的利益要远远大于这部分支出的费用，不知道我说的有没有道理，公司如果能再考虑一下，让他们去，我会尽力与其他两位部门经理沟通好，在这次旅途中每个人带一个，帮助他们放下包袱，树立有益公司的积极工作态度，李总您能不能考虑一下我的建议。"

李总说："那我考虑一下，明天给你答复。"第二天李总同意了销售部经理的建议。

这第二种方式，换位思考，有理有据，达成沟通的目的，就是有效的沟通。

## 一、如何与上司沟通

与上司沟通前，我们首先要明白上司需要的到底是什么？

杭州某塑机公司的一次生产例会上，生产副总经理说："电仪班班长一直空缺，对四个电仪员工的管理也比较松散，所以我想将电仪班暂时划归机修班长统一管理，有没有什么问题？我想听听大家的建议？"

生产部经理说："我觉得可行，有人管总比没有人管要好。现在电仪班很多工作没人检查，电气设备毛病也比以前多……"

"你们不懂不要瞎指挥好吧？！"机修班班长粗鲁地打断了生产部经理的话，"我又不懂电，怎么管？何况他们电仪的几个人很难搞的。"

这位机修班长的沟通方式存在极大的问题，是低情商的表现。每一个上司都需要来自下属的尊重，这是职场基本的伦理。时刻与领导唱对台戏的下属，除非有很硬的后台，或者技术不可代替，否则一有机会，上司第一个换掉的就是他。

实际上，上司的决策可能有不到位的地方，有的也可能是常识性的错误，但这都不能成为你讥笑上司的理由。上司正是因为不懂或做得没有你好，才聘请你来解决问题的。你的任何不屑，只能说明你还不清楚聘用你的目的，恰好暴露了职业素养较低。

上述案例中，如果机修班长这样说："现在的电仪班，确实存在群龙无首的情况，也有些混乱。但是让我管，因为我不懂电仪，加上最近手头上的事又多，我怕我确实管不好。所以我想，要不还是招聘一个比较好。如果公司不招聘，是不是从他们四个电仪工里面选一个代理班长？总比群龙无首强。"

这样说至少有三个好处：委婉地表达了自己拒绝的意思；即使你们让我管，因为我不懂电仪，管不好你们不要责怪我，这叫丑话说在前面；我不是直接拒绝，我还出了一个主意。这样的沟通有礼有节，才是真正的有效沟通。

本案例中，机修班长不能控制自己的情绪，本身也是沟通的一大败笔。

苏州昆山某公司生产部经理，要求各车间主任将生产看板放在车间办公室，但第三车间主任没有执行。生产部经理责问他为什么不执行。第三车间主任说："生产看板本来就应该放在车间，让车间员工全部看到。放在车间办公室给谁看呀？"

生产部经理说："现在我们每天生产的碰头会，都在对进度。我了解了一下，很多员工都是不看看板的，你交给他们多少任务就完成多少任务。而对于我们生产管理人员来说，开会时，看板上数据一目了然，很方便。所以，我叫你们将看板放在办公室，这样也方便统计填写。我这样做有什么不妥吗？"

第三车间主任挠挠头皮，满怀歉意地说："领导，我以为……呵呵，我这就去拿。"

上司都希望自己的下属对于自己的指令能不折不扣地快速执行。对此笔者的建议是，如果你判定上司的指令错误，你必须当面向上司反映你认为他的指令有错的理由。如果上司一意孤行，那你就去执行。执行过程中，发现明显有错，你要及时向上司汇报。如果上司还是非常固执，那你就继续执行下去。

但实际上很多中层干部发现指令明显有错后，也不向上司反映，而是直接按自己的意思纠偏了。这样的害处就是上司又以为自己的决策正确了。

## （一）接受指示技巧

### 1. 倾听

杭州某公司刘总经理打电话将销售宫经理、人力资源方经理叫到自己的办公室。刘总说："将我们销售部分出四个人来，成立市场部，专门收集招标信息和开发大客户……"

"刘总，我觉得我们公司要有自己的特色。况且现在我们经营得也还不错。"宫经理不合时宜地打断了刘总的话。

刘总从烟盒里抽出一支烟，点了起来，脸色有些难看。

"宫经理，我们不要这么急下结论，听刘总说完你再说你的想法也不迟。"方经理发现了气氛有些尴尬。

"刘总，不好意思，不好意思。"宫经理有些失态。"既然你觉得不可行，那你说说你的具体理由？"刘总吐出一口浓烟。

宫经理被刘总一句话弄得非常窘迫，他将目光投向方经理，示意求救。方经理会意，接着说："刘总，要不我们回去商讨一下，明天上午10点前再给你回复。您看好不好？"

"好的，那就这样吧。"

上司下达指令或征求意见时，为了防止信息遗漏，我们最好带个本子，记下重要的信息。倾听上司讲话时，聚精会神，不要轻易打断，不随意下结论。如果有话要说，必须有条理，有依据。当场不能给建议的，请求上司给予时间考虑清楚再汇报。

**2. 及时澄清不明之处**

孔子说："知之为知之，不知为不知，是知也。"如果你对领导的话不明白，当然应该问清楚。如果领导当时不方便，也应该找个合适的时机问明白。不能不明就里或想当然地行事，否则结果很容易出现偏差。

一次苏州某公司领导在例会上这样布置工作任务：关于公司产品企业标准备案这件事，由品管部、生产部、营销部负责，争取两星期办好。

笔者认为领导的话语中有不明之处，三个部门负责，到底谁是头？一周过去了，领导去问生产部，企业标准备案的事办得怎么样了？生产部的回答：不知道，这件事好像是品管部负责。于是领导又去问品管部，品管部的回答是：不知道，这件事好像是生产部和营销部负责的。你看，歧义就来了。有歧义，不可怕，关键是要及时澄清，不能不懂装懂、拖延误事。

**3. 不要争辩**

如果对上司的指示不认同，我们最好在合适的时机说出自己的想法，不能当着上司的面或者当着众人的面与上司争辩。如果让上司在面子上下不了台，你的前途有可能就蒙上了一层阴影。

2017 年 12 月的一天，杭州某制药企业营销总经理，跟每个营销人员布置 2018 年度的销售目标。当营销员张某看到自己 2018 年的销售目标时，觉得根本完不成，于是与营销总经理争论起来，最后发展到拍桌子，摔门而去。晚上公司领导召开会议，决定第二天辞退张某。

第二天，张某一早就赶到营销总经理办公室，向领导道歉，说知道自己错了，希望给自己一个机会。看到领导脸色有所缓和，他把自己觉得不能达成目标的理由详细地阐述给领导听。

一周后，张某依然在岗位上，他所辖的区域目标削减了 10%。2018 年 1 月，公司开总结会议时，张某所辖区域销售不仅达到区域目标，还增加了 25%。

跟上司讲话，要好好说，讲道理摆事实，不可以莽撞行事。争辩胜利只能逞一时之勇、一时之快，并不代表你就是真正的赢家。

## （二）汇报技巧

### 1. 汇报内容及时、客观、简要、准确

在浙江某纸业公司半年度总结计划会议上，安全和环保管理部（简称安环部）对下半年工作计划做了如下汇报：

汇报任务，不能只讲定性目标，任务要数据化，否则就是正确的废话。

### 2. 汇报的内容符合上司的期望

2018年1月13日，杭州某医药公司年终总结会，财务、生产、采购、技术研发、质检部门领导一个个读完报告后，会场气氛有点沉闷，暖空调吹得大家有点昏昏欲睡。

轮到营销部门总结了。营销总监打开投影仪，放起了PPT。PPT上有日常营销部集体活动、辛苦要款的照片，有企业销售目标达成、与去年同期对比的柱状图，一目了然。刚才还沉闷的会场，一下子精神不少，大家都盯着大屏幕，津津有味地看起来。晚上聚餐时，老板还特意提到营销总监的报告，语气赞赏有加，要各部门明年都像这样写总结报告。

汇报时，你要知道汇报对象的要求、个性、喜好。如果他喜欢你言简意赅，那就要找重点地说，不要啰唆。如果他文化层次较低，喜欢简单，那你就在报告中用他能听得懂的语言或文字，向其阐述、汇报。

### 3. 准备充分，多用实例佐证自己的说法

某企业技术部王经理正向公司常务副总汇报："林总，技术部技术员小张最近思想有点开小差？"

林总说："他有什么问题？"

王经理说："我找过小张，他说不太想干。"

林总一脸疑惑："不想干？他是不是想加工资？"

王经理忙答道："我认为也是。"

"你为什么觉得他是想加工资？"林总问。

"我，我……"王经理一时语塞，"我猜的。"

"如果要加工资，你觉得他要加多少能满足。"林总追问。

"我，我……"王经理又语塞了，"我不太清楚。"

"以后你要将事情弄弄清楚再来汇报。"林总批评道。

向上级汇报，必须准备充分，不能随意汇报自己不能确定的东西，少用约词，如大概、也许、差不多等。不能对道听途说的内容，随意上报。不对他人做人身攻击。

## 二、如何与同事沟通

与同事沟通前，我们首先要明白同事需要的到底是什么？

杭州某公司花大价钱新聘了一位技术总工程师。这位总工在行业中大名鼎鼎，犹如神一样的存在。在公司熟悉了一周后，正赶上公司开月度例会。总工程师在会议上说了这样一番话："公司的现场管理最多20分，员工素质最多50分，工艺及配方管理最多24.5分（居然还有小数点），生产安全管理基本不给分，另外我非常不同意老板提出的以销售为龙头，制造型企业必须以生产为中心。各部门配合比较松散，管理人员急需现代企业管理培训，我们公司管理顾问韦老师，也要加强这方面的工作……"

其实这家公司并没有这么差，在杭州也算是数一数二的企业。但他这样"炮轰"，实际上就是抹杀大家的功劳。不懂得尊重别人的人，实际上是四处树敌，得罪的人多了，敌人就多了，自己在企业也就难"活"下去了。

"我来公司一周了，熟悉了公司的管理、生产现场、技术工艺、销售，我对公司总体印象很好，老板很敬业，生产部门团队性很强，一线员工工作也很认真，民营企业做成这样，很不容易，这与各位的辛苦付出是分不开的。今后，我将努力配合大家，将我们公司的生产工艺技术、生产现场管理提升到一个更高的水平，这一周来，也非常谢谢各位主管对我的照顾。我工作中有不足的地方，也请大家指正。"同样的一番话，如果总工程师这样说，是不是会好很多呢？

在一次企业季度绩效考核会议上，营销部门经理A说："最近的销售做得不太好，我们有一定的责任，但是主要的责任不在我们，竞争对手纷纷推出新产品，比我们的产品好。所以我们也很不好做，研发部门要认真总结。"

研发部门经理B说："我们最近推出的新产品是少，但是我们也有困难呀。

我们的预算太少了，就是少得可怜的预算也被财务部门削减了。没钱怎么开发新产品呢？"

财务部门经理 C 说："我是削减了你们的预算，但是你要知道，公司的成本一直在上升，我们当然没有多少钱投在研发部了。"

采购部门经理 D 说："我们的采购成本是上升了 10%，你们知道为什么吗？俄罗斯的一个生产铬的矿山爆炸了，导致不锈钢的价格上升。"

这时，ABC 三位经理一起说："哦，原来如此，这样说来，我们大家都没有多少责任了。"人力资源经理 F 说："这样说来，我只能去考核俄罗斯的矿山了。"

在职场上，这是一个经典的部门间沟通的反面教材。问题之所以有趣，就是在我们的企业中这种情况似乎总在发生，而老板、主管们却也似乎总是找不到问题的症结所在，最终就只能归咎到一种通病：一出事情，大家首先想到的是推卸责任，而不是去思考如何解决问题。其实部门之间的沟通多些理解，就会少些误解；多些尊重，就会少些指责；多些帮助，就会少些添乱。还有什么问题不能解决呢？毕竟在一起工作，还是快乐为上。

如果上述案例中的会议这样开，会不会好些呢？

在一次企业季度绩效考核会议上，营销部门经理 A 说："最近的销售做得不太好，我想从以下几个方面提升销售业绩：一、促销；二、开拓新客户；三、建立外销部；四、开拓北方市场；五、请研发部开发 A1 新品，我们收集样品，请贵部开发。"

研发部门经理 B 说："好的，没有问题，后天我就与营销人员下市场，收集样品，制订研发计划。我有一个要求，财务能否给我多 10 万元的预算。现在预算不够了。"

财务部门经理 C 说："现在可能比较困难，但我会积极向总裁申请。你们写个详细计划吧。"

采购部门经理 D 说："现在我们的采购成本是上升了 10%，你们知道为什么吗？俄罗斯的一个生产铬的矿山爆炸了，导致不锈钢的价格上升。但我在扩大供应商，争取将成本降低 3%。"

人力资源经理 F 说："好的，如果需要培训、提高工作效率，我会及时协助大家。"

主持会议的副总说："那好，就这么定了，各部门制订计划，后天交到我这里来。对了，明天晚上我请大家吃饭，都记得准时到哦。"

与同事沟通时，常出现以下三中问题。

## （一）太高估自己或本部门，不懂得尊重别人

看过电影《杜拉拉升职记》的观众，大概会记得在人事部门服务的杜拉拉为了搞好公司的装修，组织同事搬家，并要求各部门在规定的时间将自己的物品打包装箱，统一用车运走。

当杜拉拉检查到营销部时，发现营销部动也没动。杜拉拉责问营销部："装运的车都到了。为什么你们到现在都不打包？你们没接到通知吗？为什么你们营销部就跟别的部门不一样？"

营销部总监对杜拉拉这个普通的行政职员不可一世地说："你到现在都不知道我们营销部不是一般的部门吗？打包？除非你来打，我们营销部不打！"

不可否认，大凡一个公司的营销部、财务部，都是公司的核心部门，老板也确实对他们高看一眼，两个部门的主管，一般也是老板跟前的大红人。但没有后勤部门、生产部门、人力资源部门，不知道这两个部门如何能正常运作起来。

当然，一个部门有没有话语权和地位，终究要看部门负责人有没有能力，如果能力超强，部门一样可以咸鱼翻身。青岛某软件公司从其他大公司挖来一位人力资源经理到公司任职人力资源总监，该总监能力超强，也有个性和魄力，不到3个月，该部门威信已经与营销部门平起平坐了。

## （二）利益冲突，责任不清，不愿意主动协调厘清

江苏江阴某公司设备科主管抱怨："采购部响应速度太慢，一些需要紧急采购的配件，经常延迟。影响了我们维修的效率和满意度。所以考核的时候，我们是跟着倒霉。"

我们很多中层干部遇到部门间冲突时，只是相互抱怨，很少冷静下来面对面主动厘清问题点、责任区，因而造成误解，彼此猜忌，影响了工作效率。

部门间相互推诿不是件好事，但各部门职责清楚，你未经允许，把手伸进其

他部门，私自为其他部门做主，同样也不行。笔者在咨询时，也遇到过一些责任感特别强的主管，他们实在对公司某些部门的管理现状不满，一着急就亲自去管了，最后弄得大家都不开心。当然，笔者不是鼓励大家不要去插手别人的事，"休管他人瓦上霜"的这种消极心态也要不得。其实你完全可以跟你的上司反映问题，让他来决断。如果我们学会换位思考，就会站在对方的立场理解对方的观点和难处。

## （三）缺乏团队意识

江苏某轮胎企业一车间班长小王母亲过世了，小王休完丧假一上班，刚好遇到停电检修，小王的班组承担了重要的检修任务。丙班班长小李对车间主任说，小王母亲刚去世，心情很难过，让自己班来承担这次任务吧。车间主任找到小王，将小李的话转告了他。小王很感动，表示不需要，自己可以胜任。

如果我们每个员工像对待朋友、家人一样对待自己的同事，在同事需要帮助的时候，及时伸以援手，我们的工作效率、沟通效率都会得到很大的提升。相反，在一个员工相互倾轧的环境中，你不服我，我看不上你，你就是再有能力，也很难体现出来。这就是典型的"螃蟹团队"，一个夹着另一个的脚，就是不让你逃出去，最后都完蛋。

以上案例中的小李两年后成为一车间主任，小王成为质检科副科长。这就是团队效应的最好例证。

# 三、如何与下属沟通

与下属沟通前，我们首先要明白下属需要的到底是什么？常见的问题有以下四种：

## （一）不尊重下属

尊重他人，是个人的一种修养，也是一种家教。中层干部在沟通中，不尊重下属的常见行为有：

当着众人的面批评下属；

将批评变成辱骂；

揭人伤疤；

经常打断下属的话；

喜欢讽刺他人；

不倾听下属的意见等。

说到领导对下属的谩骂发泄，就不得不提到情绪控制的"费斯汀格法则"。美国社会心理学家费斯汀格有一个很出名的判断，被人们称为"费斯汀格法则"，即生活中的 10% 是由发生在你身上的事情组成，而另外的 90% 则是由你对所发生的事情如何反应所决定。

换言之，生活中有 10% 的事情是我们无法掌控的，而另外的 90% 却是我们能掌控的。

费斯汀格在书中举了这样一个例子。

卡斯丁早上起床后洗漱时，随手将自己的高档手表放在洗漱台边，妻子怕手表被水淋湿，就随手拿过去放在餐桌上。儿子起床后到餐桌上拿面包时，不小心将手表碰到地上摔坏了。

卡斯丁心疼手表，就照儿子的屁股揍了一顿，然后黑着脸骂了妻子一通。妻子不服气，说是怕水把手表打湿才拿走手表。卡斯丁却说他的手表是防水的。

于是二人猛烈地斗起嘴来。一气之下卡斯丁早餐也没有吃，直接开车去了公司，快到公司时突然记起忘了拿公文包，又立刻转回家。

可是家中没人，妻子上班去了，儿子上学去了，卡斯丁钥匙留在公文包里，他进不了门，只好打电话向妻子要钥匙。

妻子慌慌张张地往家赶时，撞翻了路边水果摊，摊主拉住她不让她走，要她赔偿，她不得不赔了一笔钱才脱身。

待拿到公文包到公司后，卡斯丁已迟到了 15 分钟，挨了上司一顿严厉批评，心情坏到了极点。下班前又因一件小事，卡斯丁跟同事吵了一架。

妻子也因早退被扣除当月全勤奖。儿子这天参加棒球赛，原本夺冠有望，却因心情不好发挥不佳，第一局就被淘汰了。

在这个事例中，手表摔坏是其中的 10%，后面一系列事情就是另外的 90%。都是由于当事人没有很好地掌控那 90%，才导致了这一天成为"闹心的一天"。

试想，假如卡斯丁在那10%产生后，换一种反应。比如，他抚慰儿子："不要紧，儿子，手表摔坏了没事，我拿去修修就好了。"这样儿子高兴，妻子也高兴，他本身心情也好，那么随后的一切就不会发生了。

可见，你控制不了前面的10%，但完全可以通过你的心态与行为决定剩余的90%。

在现实生活中，常听人抱怨：我怎么就这么不走运呢，每天总有一些倒霉的事缠着我，怎么就不让我消停一下有个好心情呢，谁能帮帮我？

这都是一个心态问题。其实能帮助自己的不是他人，而是自己。首先接受问题和不足，积极主动地想办法解决，而不是无益地抱怨和辱骂。倘若了解并能熟练运用"费斯汀格法则"处事，一切问题就迎刃而解了。

## （二）不信任下属

上司与下属构建信任需要时间，更需要空间。但怀疑——只需要一件小事——就可能将好不容易构建的信任瞬间摧毁。

没有哪个管理者边边角角都能全面管到，既然你管不到，看不到，那还不如放权给下属，充分信任。信任，也会产生一种积极的力量。

当某个员工向你反映下属的问题时，只要下属不违反原则，你需要维护下属的威信，当然，你也要感谢反映此事的员工：

"经理，我看车间主任将公司的便签纸带回家了。"

"带几本回家了？"

"我看见带了两本，一大一小。我想这是公司的财产，不能……"

"不能什么？你想得太多了。没事的，他有时在家也写写总结什么的，用得着。"

"哦，我就是反映一下。"

"好的，谢谢你及时反映此事。没其他事，你就回去吧。"

## （三）不守信

有些领导喜欢承诺，放空炮，答应的事，经常开空头支票。长此以往，下属已经不再信任你了。下属投不信任票的结果往往有两个：一是有事不再找你办，因为找你也没用，不如找你的上司；二是你在员工心目中已经没有任何地位了。你的指令，他随时都敢反对。

销售员在外地打电话给销售经理请示：当天下午如果不包一个"面的"，而乘公交的话，是赶不到客户那里的。销售经理急于送样品，于是满口答应销售员："没问题的，你包好了。要是公司不报，我给你报。"

回来后，销售员拿着出差报销单据找销售经理签字。销售经理看到包车费用，吓了一大跳："怎么这么贵？ 580 元！我以为一两百呢。你包车跑哪里去了？"

"老大，那里是新疆呀，一个县城到另一个县城，三四百公里呢。"销售员解释道。

"那肯定报不了！"销售经理语气斩钉截铁。

"经理，你不是答应我，公司不报你来报吗？"销售员理直气壮！

"我不是以为只有一两百块嘛！谁知道这么多呢？"销售经理理亏，语气也软多了。

"这点钱不报拉倒！"销售员拿起报销单据，将门"嘭"的一声关上了。

## （四）表达不清

我们来看看下面就同一个品质问题，发出不同的指令，你认为哪一个最好呢？

（1）小李，最近我们线品质不太好，你一定要在近期把品质提上去！

（2）小李，最近我们线品质不太好，OQC 抽检合格率从 99% 下降到了 95%，你一定要在近期把品质 OQC 抽检合格率提上去！

（3）小李，最近我们线品质不太好，OQC 抽检合格率从 99% 下降到了 95%，你一定要在近期把品质 OQC 抽检合格率重新提高到 99%！

（4）小李，最近我们线品质不太好，OQC 抽检合格率从 99% 下降到了 95%，你一定要从今天开始，在两周的时间内把品质 OQC 抽检合格率重新提高到 99%，为我们线、我们部门做出更大的成绩，证明你的能力！

（5）小李，你前段时间工作表现一直很好，但最近我们线品质不太好，OQC 抽检合格率从 99% 下降到了 95%，你一定要从今天开始，在两周的时间内把品质 OQC 抽检合格率重新提高到 99%，为我们线、我们部门做出更大的成绩。

通过 QC 抽检报表数据分析后发现主要原因是你的生产线新来的那两名外观检查员工有大量的误判，造成不良品流入到 OQC，你要在今天花 1 小时以上的时间对这两名员工进行重点培训，讲解外观常见问题、限度样板、标准及判别方法，同时在生产过程中加强对他们的巡查，随时指导（改善此问题只需要投入人力，不需要投入其他资源），以提高他们的外观检出能力，以实现提高 OQC 抽检合格率到 99% 的目的，我相信你能做好这件事情！

毫无疑问，对于一线主管来说，第五种任务的表达，最为清晰。上司分析问题有理有据，解决问题的方法时间一目了然。这样，有利于减少分歧和猜测，达到高效的目的。

# 第三节　核心管理技能三——解决问题能力

## 一、问题意识

### （一）关于问题

问题就是理想与现实的差距，是"是什么"和"应该是什么"之间的差距。"解决管理问题"，就是要找到合适的方法，以不断缩小现状与期待之间的差距。

### （二）关于问题意识的八大金句

公司请你来是解决问题，而不是制造问题和抱怨问题。

如果你不能发现问题或解决不了问题，你本人就是一个问题。

我不能将问题停留在我这里，即使不会做，也要向上级反映。

你能解决多大的问题，你就坐多高的位子。

你能解决多少问题，你就能拿多少银子。

我们与普通员工之间的区别，就是我们不但能发现问题，还能解决问题。

下属的问题就是我们的问题。

解决问题的方法总比困难多。

浙江一家集团公司，提倡这样颇有道理的企业文化：

做有用的人——

善于提出问题的人。

善于提出解决方案的人。

快速解决问题的人。

不做无用的人——

推卸责任的人。

不行动的人。

没有问题的人。

## 二、发现问题

爱因斯坦认为："提出一个问题往往比解决问题更重要。"

美国通用管理顾问查尔斯·吉德林说："能够正确地发现问题，就等于解决了问题的一半。"

有位客人到主人家里做客，看见主人家的灶上烟囱是直的，旁边又有很多木材。客人告诉主人说，烟囱要改曲，木材须移去，否则将来可能会有火灾，主人听了没有做任何表示。

不久主人家里果然失火，四周的邻居赶紧跑来救火，最后火被扑灭了，于是主人烹羊宰牛，宴请四邻，以酬谢他们救火的功劳，但是并没有请当初建议他将木材移走，烟囱改曲的人。

有人对主人说："如果当初你听了那位先生的话，今天也不用准备宴席，而且没有火灾的损失。现在论功行赏，原先给你建议的人没有被感恩，而救火的人却是座上客，真是很奇怪的事呢！"

主人顿时醒悟，赶紧去邀请当初给予建议的那个客人来吃酒。

能够快速有效解决企业经营过程中的各种棘手问题的人，固然是优秀的管理者，但能防患于未然的预防者，是更优秀的管理者。

杭州某管业公司刚聘用两个月的仓库管理员在月度例会上说："我来公司两

个月，你们公司仓库管理实在太乱，物资进出很多都没有手续。"

从这个例子中我们必须学会发现问题：

（1）仓库管理员说话的语气中有抱怨；

（2）仓库管理员没有进入公司的角色；

（3）仓库管理员有没有与主管上司提前沟通过；

（4）仓库管理员只是提出了问题，但没有有效地解决问题。

既然发现了这四个问题，那么就要针对这四个问题，采取相应的方法：

（1）跟本人当面沟通，了解其抱怨的真实原因；

（2）委婉地批评其"你们公司"的表达欠妥；

（3）劝告其以后工作中有问题或想法，自己解决不了的，可以先找直接上司商量；

（4）激励其勇于提出问题，善于解决问题。

如果按这四个方面来处理此事，应该不会有太大问题。

然而，这家公司的仓库管理员的直接上司——财务主管，由于发现问题的能力有限，她只发现了"偏差性"问题——仓库管理员为什么不提前跟她汇报，而是在会议上公开提出来，弄得她下不来台。于是她将仓库管理员狠狠批评了一顿。第二天仓库管理员提出了辞职。

我们再来看一个案例：

无锡长江路某大型企业三班制操作女工某天下晚班（0:00下班）后，因为家离得比较近，所以没有乘坐班车，而是骑自行车回家。在回家的路上，遭遇抢劫，被抢去580元钱和一部手机。女工惊魂未定地回到家里，打电话给班长，向他汇报了事情的经过。班长第二天上午向车间主任做了汇报。

假如你是车间主任，你能发现什么问题？

（1）女工有没有马上报警；

（2）女工接下来下晚班怎么办；

（3）女工的钱和手机被抢，要不要公司给予援助；

（4）第二天上班情绪会不会受到影响。

发现了这四个主要问题，那么就要针对这四个主要问题，采取相应的方法：

（1）找到女工，当面了解情况，如果没有报警，劝其报警；

（2）尽量安排同一时刻同一路线下班女工结伴；

（3）找到行政部门，反映此事，为员工争取援助；

（4）为了表示安慰，允许其请假一天。

而公司车间主任对于这个事件，没有发现以上问题并提出解决方案，他只是在电话里告诉班长，让他开班前会时告诫操作工，以后下班要当心安全。结果，该名女工上班后，由于昨天惊魂未定，没有休息好，第二天上班时，手掌不小心被卷入机器，造成6级伤残。

所以，我们说能够正确地发现问题，就等于解决了问题的一半。

## （一）做好员工合理化提案工作

在日常管理中，经常发现很多企业严重忽视这一重要工作，这是因为他们不知道合理化提案的三个重要性。

（1）员工民主化参与企业管理，有了成就感和归属感；

（2）及时发现问题，提升企业管理绩效；

（3）畅通言路。

有的公司也实施了合理化提案，但为什么做不好呢？有如下原因：

（1）"一阵风"而已，不持久做下去；

（2）对员工建议领导没有足够重视，员工因此失去了反映问题的兴趣；

（3）建议没有与奖励挂钩，员工没有动力；

（4）没有强制要求每个人必须做1至2个合理化提案等。

## （二）盘点自己的职责

这是某公司办公室主任岗位职责：

**1. 基本情况**

（1）所属部门：办公室

（2）直接上级：总经理

（3）直接下级：文秘、档案管理专员、司机班长、保安队长、清洁主管、

信息主管

（4）本职：掌握公司主要工作的进展情况，负责制订、落实办公室工作计划和办公室内部的管理，统筹管理公司行政后勤服务工作，统筹负责公司的档案文书管理，负责相关会议的组织以及会议决议的督办事项，负责公司的接待工作及政府关系公共关系的建立、维护及保持。

**2. 主要职责与工作任务**

（1）掌握公司主要工作的进展情况，负责制订、落实办公室工作计划和办公室内部的管理：参加行政领导会议，参与公司重大事项的调研工作，拟定调研报告，及时掌握公司主要工作的进展情况；制订本部门年度、月度工作目标、工作计划；监督指导工作计划的落实；负责本部门员工队伍建设，提出对下属人员的调配、培训、考核意见；制定并完善部门工作制度，检查本部门工作的执行情况；负责协调下属员工之间、本部门与相关部门之间关系；监督本部门的工作目标和经费预算的执行情况，及时给予指导。

（2）统筹管理公司行政后勤服务工作：监督后勤工作的执行，并提出改进意见；负责公司行政事务的上传下达；负责公司的印章管理；负责通信、交通、招待、办公费用的审核和标准管理；负责各部门之间和领导之间的协调；负责公司总部的车辆调度。

（3）统筹负责档案文书管理：负责制订、完善档案文书管理的各项规章制度，并监督执行，做好保密工作。

（4）负责相关会议的组织，以及会议决议的督办事项：负责会议场所的安排与布置；负责会议相关活动的安排；负责会议决议的督办事项。

（5）负责公司的接待工作及政府关系、公共关系的建立、维护及保持：负责公来访人员的接待；负责公司相关的公共关系建立、维护、保持。

（6）完成上级交办的其他各项工作

**3. 权力和责任**

（1）权力：

①公司印章使用的审核权

②对重大会议根据需要有现场指挥权

③权限内的财务审批权，对通信费用的审核权

④对直接下级人员调配、奖惩的建议权，任免的提名权和考核评价权

⑤对所属下级工作的监督、检查权和争议的裁决权

（2）责任：

①对本部门的整体工作绩效负责

②对印章的合理使用负责

③对所组织会议的执行效果负责对下属人员的工作负直接领导责任

### 4. 考核指标

（1）部门月度及年度计划的完成情况、费用控制情况、下属行为差错率管理。

（2）部门合作满意度（年度）、员工满意度、后勤支持投诉率。

（3）办公设施等固定资产管理状况、公司环境卫生状况。

（4）重要任务完成情况。

盘点职责有两个目的：清晰自己的全面责任；防止遗漏责任。苏州某企业办公室主任，这段时间忙于会议接待，忘了对保安进行每周工作督查。由于保安工作疏忽，致使公司财产发生被盗的巨大损失。

## （三）仔细检查

美国 IBM 公司总裁郭士纳说："人们不会做你希望的，只会做你检查的；如果你强调什么，你就检查什么，你不检查就等于不重视。没有人会十分在意没有人去强调和检查的东西，这就自然造成它的可有可无性，既然如此，谁还会花费更多精力去潜心装扮呢？"铲除这一惰性的唯一办法就是查核。管理的艺术，很大程度上是检查的艺术。

# 三、分析问题

分析问题，有很多好的工具，这里介绍常见的四种：

## （一）统计报表法

通过统计报表，发现问题的某种规律（同比、类比或环比），找到问题发生的真正原因，对症下药，有的放矢，效果才能显著。

## （二）5WHY法

（1）通过不断地问"为什么"来查找问题的根本原因。

（2）每一个为什么是前一个为什么的回答，这被称为因果链，因为这些原因都有关联。继续问为什么直到无法再往下问，这时便能找到问题的根源，顺着这个因果链也可以往回找到问题的直接原因。

（3）5WHY法范例。

工段长马丽在总装车间巡视时看到一些螺母散落在地上，这是一个安全隐患。约翰是她手下的班长，这时正朝她走过来。

马丽：你好，约翰，你知不知道为什么这些螺母在地上？

约翰：哦，那一定是送料工摔落盒子时散落的。

马丽：他为什么会摔落盒子？

约翰：送料车超载了。

马丽：你是否知道送料车为什么超载？

约翰：是的，他一次装了三车的货，因为在此之前他没有拿到看板卡。

马丽：为什么在此之前没拿看板卡？

约翰：因为班组成员未将看板卡放在规定的地方。

马丽：噢，谢谢约翰。让我们和有关的班组成员谈一谈！

约翰：嗨，吉姆，你为什么没有把看板卡放在规定的地方？

吉姆：因为我不知道哪里是规定的位置。

（四）当然5WHY法不是规定只能问5个为什么？它可以是多于5个，也可以少于5个，比如：

问：为什么机器人停工了？

答：机器人的保险丝烧断了。

问：为什么保险丝被烧断了？

答：线路过载。

问：为什么线路会过载？

答：轴承间相互损坏且卡住了。

问：为什么会出现轴承间相互损坏？

答：轴承未得到适度润滑。

问：为什么轴承未得到适度润滑？

答：机器人的油泵未输送足够的润滑油。

问：为什么油泵未输送足够的润滑油？

答：油泵的进油口被金属屑堵塞了。

问：为什么油泵的进油口被金属屑堵塞？

答：油泵的进油口未安装过滤器。

## （三）鱼骨法

鱼骨法，也叫 5M1E 分析法，常用于分析产品质量问题。造成产品质量的波动的原因主要有六个因素：

（1）人（Man）：操作者对质量的认识、技术熟练程度、身体状况等；

（2）机器（Machine）：机器设备、工夹具的精度和维护保养状况等；

（3）材料（Material）：材料的成分、物理性能和化学性能等；

（4）方法（Method）：这里包括加工工艺、工装选择、操作规程等；

（5）测量（Measurement）：测量时采取的方法是否标准、正确；

（6）环境（Environment）工作地的温度、湿度、照明和清洁条件等。

由于这六个因素的英文名称的第一个字母是 M 和 E，所以常简称为 5M1E。

工序质量受 5M1E 即人、机、料、法、环、测六方面因素的影响，工作标准化就是要寻求 5M1E 的标准化。

## （四）排除法

某大型国际公司的手机在中国加工完之后，运到欧洲销售。结果，40% 的客户反映手机背后的电池板上有划痕。由于电池板和后背连在一起，划痕也就意味着手机存在质量问题。

在提出解决方案之前，需要找到问题解决的切入点及解决方法，由此可以总结出企业在面对产品问题时的解决思路：

（1）深入问题产生的环节。

（2）用倒推的方法找出问题产生的原因。案例中运用倒推法的具体执行程序如下：首先，从客户那里查找问题的原因，排除客户方的原因；其次，分析零售商、批发商、库存方等各方原因，充分考虑之后一一排除；再次，考虑到产品的质量问题，将目光聚集到电池上，由于电池入库之前没有检验出问题，便将其排除；最后，一直推到电池生产厂商的原材料上，原来是原材料出了问题。

（3）寻找方法控制问题，并防止问题再一次发生。针对电池原材料的问题，企业决定增加一个检验环节检验电池原材料的质量。

（4）分析是否能够彻底解决问题。

（5）若不能解决问题，继续用倒推的方法寻找不能彻底解决问题的原因，再次解决问题。

（6）循环往复，直到能够彻底解决问题为止。

## 四、解决问题

常见解决问题的方法有四种：

### （一）表格法

表格化处理管理问题，是一种精细化管理方式，适合于需要监督检查的流程。比如某知名快餐连锁店的厕所清扫，厕所门背后总有一张"卫生间清洁记录表"。

### （二）紧急重要性先行法

某天下午1:20，幼儿园的250个孩子吃完饭后不久，就开始上吐下泻。园长解决这个问题时采取了以下步骤：

第一步，首先打120送孩子进医院；第二步，通知相关领导；第三步，适时通知家长；第四步，和媒体保持良好的联系；第五步，封存所有的午饭和原材料，以便检疫部门进行分析化验，查找原因。

当孩子化险为夷，安全返校之后，问题并没有完全解决，园长做了以下几件事。第一，处理当事人；第二，召集家长，给家长一个答复；第三，向领导报告对这个问题的处理过程和方法；第四，向家长承诺今后不再出现这样的事情。

最后园长对整件事情进行了分析，并制订相应预案。

在本案例中，园长处理突发事件时，就采用了紧急重要性先行法，步骤紧凑合理。如果我们将园长的处理步骤颠倒一下，会发生什么事呢？

第一步，封存所有的午饭和原材料，以便检疫部门进行分析化验，查找原因；第二步，和媒体保持良好的联系；第三步，通知相关领导；第四步，适时通知家长；第五步，等相关领导答复后，打120送孩子进医院。

结果也许会不可想象。

一天下午，杭州某通信器材公司车间王主任气呼呼地走进生产部办公室，向生产部蔡经理提出离职。蔡经理忙问原因，王主任说："今天我们车间的喷漆工去仓库领喷头，仓库居然不让领，说是这个月领得太多了。我们又不是领回去吃掉了，这个月生产任务多交货急，喷头坏得也挺多，一个小小的仓库管理员居然都敢欺负到我们头上，这公司没法干下去了。喷漆工不想干了，我也不想做了。"

假如你是蔡经理，你会怎么处理呢？

一般人可能会这么处理：

首先安慰王主任，劝他不要生气，等调查清楚后，会给他一个说法。然后找仓库管理员、喷漆工调查事情原委。再找王主任，说明问题产生的原因、误会及处理的方法，尽量让各方满意。最后召集王主任、仓库管理员、喷漆工开协调会，通报问题产生的原因及今后类似问题的防范措施。

如果放在平时，这倒是没啥问题，但现在是生产繁忙的时候，这种做法肯定就不合时宜了。等你解决完，黄花菜都凉了。

按照紧急重要性先行原则，我们知道所有的处理方法，一定以不耽误生产为前提。所以，蔡经理首先要找到仓库管理员，先代替喷漆工领取喷头，保持生产不停顿，再来安排调查处理，就比较妥当。

## （三）四不放过法

四不放过法原本是用来解决安全问题的，现在也广泛用于日常已发生问题的处理。"四不放过法"的具体内容是：

（1）问题原因未查清不放过；

（2）问题责任人未受到处理不放过；

（3）问题责任人没有受到教育不放过；

（4）问题的整改措施未落实不放过。

2014年某化工厂合成车间加氨阀填料压盖破裂，有少量的液氨滴漏。维修工徐某遵照车间指令，对加氨阀门进行填料更换。徐某没敢大意，首先找来操作工，关闭了加氨阀门前后两道阀门；并牵来一根水管将水浇在阀门填料上，稀释和吸收氨味，消除氨液释放出的氨雾；又从厂安全室借来一套防化服和一套过滤式防毒面具，佩戴整齐后即投入阀门检修。当他卸掉阀门压盖时，阀门填料跟着冲了出来，瞬间一股液氨猛然喷出，并释放出大片氨雾，包围了整个检修作业点，临近的甲醇岗位和铜洗岗位也笼罩在浓烈的氨味中，情况十分紧急危险。临近岗位的操作人员和安全环保部的安全员发现险情后，纷纷从各处提着消防、防护器材赶来。有的接通了消防水带打开了消火栓，大量喷水压制和稀释氨雾；有的穿上防化服，戴好防毒面具，冲进氨雾中协助抢险处理。闻讯后赶到的厂领导协助车间指挥，生产调度抓紧指挥操作人员减量调整生产负荷，关闭远距离的相关阀门，停止系统加氨，事故很快得到有效控制和妥善处理，并快速更换了阀门填料，堵住了漏点。一起因严重氨泄漏而即将发生的中毒、着火、有可能爆炸的重特大事故避免了。

虽然未发生大的事故，但本次事故依然暴露不少问题，原因如下：

（1）合成车间在检修处理加氨阀填料漏点过程中，未制订周密完整的检修方案，未制订和认真落实必要的安全措施，维修工盲目地接受任务，不假思索地就投入检修。

（2）合成车间领导在获知加氨阀门填料泄漏后，没有引起足够重视，没有向生产、设备、安全环保部门按程序汇报，自作主张，草率行事，擅自处理。

（3）当加氨阀门填料冲出有大量氨液泄漏时，合成车间组织不力，指挥不统一，手忙脚乱，延误了事故处置的最佳有效时间。

（4）加氨阀门前后备用阀关不死内漏，合成车间对危险化学品事故处置思想上麻痹，重视不够，安全意识严重不足。人员组织不力，只指派一名维修工去处理；物质准备不充分，现场现找、现领阀门；检修作业未做到"7个对待"中的"无压当有压、无液当有液、无险当有险"对待。

预防措施：

（1）安全环保部责成合成车间把此次加氨泄漏事故编印成事故案例，供全厂各车间、岗位学习，开展事故案例教育，并展开为期1周的事故大讨论，要求人人谈认识，人人写体会，签字登记在案。

（2）责成合成车间根据此次氨泄漏事故，编制氨泄漏事故处置救援预案，组织全员性的化学事故处置救援抢险抢修模拟演练，要求不漏一人地学会氨泄漏抢险抢修处置方法，把"预防为主"真正落到实处。

（3）合成车间由分管工艺副主任负责组织四大班操作工和全体维修工，进行氨、氢、一氧化碳、甲醇、甲烷、硫化氢、二氧化碳等化学危险品的理化特性以及事故处置方法的安全技术知识培训，由车间安全员负责组织一次全员性的消防、防化、防护器材的使用知识培训，在合成车间内形成一道预防化学事故和防消事故的牢固大堤。

（4）结合"安全生产月"活动，发动全厂职工提合理化建议，查找身边事故隐患苗头，力争对事故隐患早发现早整改，及时处理，从源头上堵住事故隐患漏洞，为生产创造一个安全稳定的环境。

## （四）PDCA法

PDCA是英语单词Plan（计划）、Do（执行）、Check（检查）和Action（行动）的第一个字母，PDCA法原本用于质量管理，它是一个循环，或处理事情的闭环。当然，这个环还可以循环不止地进行下去。

PDCA也叫戴明环，是美国质量管理专家戴明博士最早提出的，具体的内容包括：

（1）P（plan）计划，包括方针和目标的确定，以及活动规划的制订。

（2）D（Do）执行，根据已知的信息，设计具体的方法、方案和计划布局；再根据设计和布局，进行具体运作，实现计划中的内容。

（3）C（Check）检查，总结执行计划的结果，分清哪些对了，哪些错了，明确效果，找出问题。

（4）A（Action）行动，对总结检查的结果进行处理，对成功的经验加以肯定，并予以标准化；对于失败的教训也要总结，引起重视。

中国企业结合自身的管理实践，把PDCA简化为4Y管理模式，让这一经典理论得到了新的发展。

4Y即Y1计划到位、Y2责任到位、Y3检查到位、Y4激励到位。

①计划到位：好的结果来自充分的事前准备和有效的协同配合。

②责任到位：计划的完成需要行动的支撑，责任到人才会有真正的行动，中国成长型企业普遍存在指令不清，责任不明的状况，所以需要责任到位。

③检查到位：人们不会做你期望的，只会做你监督和检查的，必须检查到位。

④激励到位：有反馈必有激励，有好报才会有好人，所以应该激励到位。

解决问题的工具找到了，那么解决问题的步骤如何？

周日，公司生产总监到车间视察，发现一车间当班某员工上班时间没有戴安全帽。他马上打电话责问正在休息的生产部经理是如何管理下属的，明天开安全会议时检讨。

我们来看这个问题的解决方法。

（1）问题描述。对问题进行一个大致的描述。车间员工违反纪律，没有按《员工手册》要求佩戴安全帽。

（2）问题定义。弄清定义在实际情况与标准（目标）之间的差距。一名员工没有戴安全帽，其他员工都戴了。

（3）问题抑制。确定短期措施断点。责令该员工马上戴上安全帽，而不是打电话等待明天的处理。

（4）查找问题起因点。可以用5WHY工具或鱼骨图工具。生产总监调查后，发现该员工安全帽在车间遗失。公司生产现场也没有备用安全帽。该员工也没有将这一情况向上汇报。

（5）根本原因分析。过滤所有的信息以找到问题的根本原因。车间安全帽没有标记、乱放，没有按照要求定置定位放好，容易导致遗失、错拿。员工安全意识差，生产部经理安全管理有漏洞。

（6）长期措施。针对问题根本原因制订明确的解决办法，防止将来再发生这种问题。每个车间员工安全帽都标上号码，每个号码对应相关个人。所有安全帽放置在指定场所。车间办公室安排应急备用安全帽。根据"员工手册"处罚车间员工和生产部经理。

（7）跟踪验证。确保所实施的措施是有效的，如果无效，那么就要重新进行问题解决的步骤。检查处罚落实情况，检查安全帽编号落实情况，检查安全帽定置定位落实情况，抽查生产现场安全帽佩戴情况。

经常犯的四个常见错误：

（1）处理问题忘了跟踪检查。说过了就等于做过了。记住一句话：问题不跟踪，就是一场空。

（2）处理不了的问题，不及时上报，擅自改变任务要求，将问题停留或隐藏。

（3）处理问题前，不处理情绪。有很多问题的产生，本身就是由于情绪造成的。处理问题前，先处理自己的情绪，就事论事，不要骂人，不要将处理问题转化为人身攻击。

（4）处理问题不够细心、专业。


# 第四节　核心管理技能四——领导力


## 一、领导方式

我们将领导方式一般分为以下四种：

## （一）指挥型的领导风格

（1）明确提出目标与具体指示，并严格监督执行。

（2）对下属的工作进行高度的监控，自己为下属工作制订详细计划，告诉下属怎么做。

（3）对下属不愿意倾听。这类领导，比较强势，属于专制类型，在日资和韩资企业比较多见。一般这类领导能力强，是绝对的领头羊，个性十分鲜明。

## （二）教练型的领导风格

（1）为下属制订明确的工作目标。

（2）建议、辅导、倾听。

（3）示范但不代替。这类领导，是个好师傅，不怕你不懂，就怕你不愿意学。

杭州某净化设备公司销售荣副总叫来销售一部蒋经理。"小蒋，你们部门销售内勤小李这个月报表已经迟交了5次。你说，她怎么了？"

蒋经理说："这段时间她准备经销商年度会议资料，因而工作比较繁忙，耽误了报表的及时上交。"

荣总说："那是不是可以分一部分工作给其他组员呢？"

蒋经理说："要不，我让小芬协助一下吧。小芬目前还不是很忙。"荣总说："好的，那你去办吧。不过以后要记住，经理有一项重要的管理技能——组织协调能力，当一名员工忙得不可开交的时候，上司要及时学会将任务分解给其他人。否则容易导致他的工作失误增多和组织人心涣散。"

蒋经理说："好的，我知道了。我这就去办，保证不再出现报表迟交的状况。"

## （三）授权型的领导风格

（1）将决策和解决问题的责权都授予下属。

（2）采用完全不干预下属的方式，让下属发现问题、解决问题，制定目标，并且独立实现目标。

这类领导，思想独立，坚信用人不疑，坚信每个人对自己的岗位负全责。

杭州某净化设备公司销售荣副总叫来销售一部蒋经理。"小蒋，你们部门销售内勤小李这个月报表已经迟交了 5 次，你去处理一下，下班前给我答复。"

蒋经理说："好的。"

下午 3 点，蒋经理来到荣总办公室回复工作。

蒋经理："小李这段时间准备经销商年度会议资料，工作比较繁忙，所以耽误了报表的及时上交，我现在让小芬分担了一部分她的工作。应该不会再发生这种事情了。"

荣总说："好的。"

## （四）支持型的领导风格

（1）在下属工作完成时给予赞赏与表扬。

（2）对下属的努力给予支持。

（3）与下属一起做决定，帮助下属解决问题。

（4）不在他人面前批评下属。

很多人都喜欢这种遇事有商有量的民主型领导，遇到这种类型的领导，也算是一种福气吧。

杭州某净化设备公司销售荣副总叫来销售一部蒋经理。"小蒋，你们部门销售内勤小李这个月报表已经迟交了 5 次。你说，她是不是有什么事耽误了？"

蒋经理说："这段时间她准备经销商年度会议资料，因而工作比较繁忙，耽误了报表的及时上交。"

荣总说："你说那怎么办呢？"

蒋经理说："要不更改一下上报的时间？比如延迟 3 个小时上交。"

荣总说："有没有其他更好方法呢？毕竟那会影响到总经理的报告。"

蒋经理说："要不，我让小芬协助一下吧。小芬目前还不是很忙。"

荣总说："好的，那你去办吧。如果遇到什么困难，需要我支持的，尽管说。但报表不能再迟交了。"

蒋经理说："好的，我知道了。我这就去办，保证不再出现报表迟交的状况。"

我们之所以说领导的四种风格，目的不是定性领导，而是让我们用这四种不同的领导方式，管理不同类型的员工。一种领导方式，对付所有员工，往往收效甚微。"一招鲜，吃遍天"的时代已经一去不复返了。

我们来看看，针对不同员工表现，应该采用何种对应的领导方式：

**1. 低工作能力，高工作意愿**

这种类型的员工，新手比较多，工作积极性高，但能力欠缺。完全放手让他去做，出问题的概率比较大。

**2. 部分工作能力，低工作意愿**

这种类型的员工，属于老员工，有了一定的工作能力，产生了职业倦怠，需要师傅不时敲敲脑袋，给予新任务新岗位的挑战刺激。

**3. 高工作能力，变动的工作意愿**

这种类型的员工，几乎每家企业都有，能力较强，岗位很难替代，因而产生一些骄傲情绪，这种人不是谁都指挥得动的。如果硬来，可能导致很大的负面情绪。而支持性的领导，柔和的领导风格，充分尊重和支持的领导方式，比较有效。但要引起注意的是，不能长期惯他的坏毛病。偶尔也要对他发发威，找找他工作的小毛病，这样他会"乖"很多。

**4. 高工作能力，高工作意愿**

这种类型的员工，能力强，工作责任心也强。上司交给他的任务，基本不用操什么心。如果这种员工采用指挥型领导方式，比如时不时地监督，就有可能伤害其自尊，从而丧失其工作的积极性。

## 二、领导威信

我们先来认识这样一位杰出的将军：

麦克阿瑟，美国著名军事家，美国西点军校校长，1944年晋升为五星上将，二战时任美国远东军总司令、西太平洋盟军总司令，战后为驻日盟军总司令。

前几年，很多企业都在学习西点军校的校规，但大家好像忽略了西点军校最年轻的校长——麦克阿瑟本人的职业自我管理原则：

（1）我在品格、衣着、举止、礼貌各方面，是否足为部属表率？

（2）我的声音、态度是否镇静，让人感到信任？还是暴躁易怒、容易激动？

（3）我会不会对个人大发脾气？

（4）对于我工作上必需的技巧、必备的条件、目标、流程，我是否都完全熟悉？

（5）我的言行是否能够让部属真心想要追随我？

（6）对于我所负责的，我是否尽量记住他们的姓名和性格？我对他们的认识是否透彻？

（7）我是否像关心自己家人一样的关心每一位部属的福利？

（8）我的大门是否对部属敞开？

（9）我是否重视职位甚于工作？

（10）我是否有勇气开除那些跟随我多年但现在又不合适的部属？

麦克阿瑟校长的职业管理原则，可以分成以下十个方面：尊重部属；了解部属；关心部属；发展部属；工作专业；部属表率；管理情绪；拥有魄力；言路畅通；不恋权力。

可以这样说，麦克阿瑟的职业管理原则最全面地总结了领导干部应该具有的职业化素养，正是因为这些素养，构建成领导的威信。下面我们就从这十个方面，来聊聊干部应具有的职业素养。

## （一）尊重部属

杭州某净化器公司销售内勤主管向营销部经理汇报工作。销售内勤主管说："经理，这几天车间在加班赶安徽经销商的货，上海的业务员想插单，也说很急。你看怎么办？"

营销经理说："你不要为了这点小事，就来汇报。你是主管，不是普通员工，以后这些事，你自己做主好了。"

领导下属，首先要做到尊重自己的下属。一个仗着自己权势，不懂得尊重他人的人，动不动就辱骂他人的人，本身素质就很差，即使这种人凭非凡手段当上经理，职业道路也不会长远。这类人一旦落难或失宠，下属基本上都会幸灾乐祸，落井下石。

员工向上级反映问题，一般是员工自己处理不了或没有权限，才会向上级汇报。本案例中如果经理这样说："你觉得怎么处理比较好？我想听听你的意见。"

这是征求员工的建议。或者这样说："我相信你有这个能力处理好。如果确实与生产销售协调不好，再来找我好吗？"这是鼓励和授权。这两种回答，都体现出对员工的基本尊重。

尊重部属的行为有哪些呢？主要体现在：不侮辱下属人格、倾听下属意见、给予犯错的下属适当鼓励和指导、肯定下属绩效和努力、包容下属不同意见和爱好等。

要尊重部属，领导还要做到有胸怀，不能为员工的一点情绪或鸡毛蒜皮的小事，而耿耿于怀，甚至打击报复。法国著名诗人雨果有这样一句诗："世界上最宽阔的是海洋，比海洋更宽阔的是天空，比天空更宽阔的是人的胸怀。"

## （二）了解部属

关心下属，首先要了解下属，清晰下属的性格、习惯、人生观、价值观、成长经历、家庭、学习背景等。在了解的基础上，关心下属的进步、失败、反常情绪、成长空间、家庭生活、身体状况、工作安全等。

说到了解部属，不得不提到大教育家孔子与其弟子子夏的故事。

子夏的性格和子路很相似，也是一位勇猛的斗士。在孔子周游列国的十几年中，他一直是孔子的护卫。但这个人又是个有名的小气鬼。有一天，孔子和弟子们外出，天要下雨，可都没有带雨具，正好路过子夏的家。子路提议说："咱们到子夏家借把雨伞吧！"孔子连忙拦住子路，说："不要去，不要去。子夏这个人我了解，他十分护财，他的东西别人是借不出来的。"子路说："我能把我的东西拿出来和朋友一起享用，就是用坏了都不心疼。难道老师借把雨伞用，子夏都不肯吗？""我不是那个意思。"孔子感慨地说道，"咱们不能硬让人家去干自己不愿意干的事。只有这样，咱们大家相处的时间才能长久些！"

孔子对子夏个性十分了解，所以按照其个性，不强人所难，免得以后产生隔阂，难以相处。孔子根据弟子个性，照顾其感受的做法，十分值得我们中层干部学习。

## （三）关心部属

杭州某机械公司钣金车间员工小蒋被生产副总叫到办公室，生产副总对小蒋说："小蒋，听说你儿子9月1号要上××中心小学了？"小蒋说："是的是的，您怎么知道的哦？"生产副总从后面的柜子里拿出一个崭新的书包，对小蒋说："这个书包，还有文具盒、铅笔、本子是我买给你儿子的。来，一点心意。"小蒋受宠若惊，一边接过书包，一边说着谢谢，很是感动。这家公司一直倡导关心员工的文化，将关心员工真正落实到员工的心坎上。所以，公司的离职率很低。员工纪律性和责任心都很好。

现代企业管理之父德鲁克认为：员工管理的实质就是激发员工的良心。良心是我们激发责任心的力量源泉，也是我们为人处事的底线。

## （四）发展部属

中层干部有一项重要职责就是培养下属。可惜的是这项工作在很多企业都没有做好。既没有员工职业生涯规划，也没有部门经理对下属的培养考核，致使部属执行力和发展意愿一直在低位徘徊。我们来看看世界某500强企业上海公司的中层干部年度考核指标和权重。

（1）20% 日常事务性工作差错；

（2）30% 工作目标达成；

（3）20% 创新业绩；

（4）30% 下属员工成长计划。

该公司考核的亮点有两个：要求中层干部工作必须有创新，不能一成不变；要求中层干部必须切实关心下属成长，为他们制订职业生涯规划，协助他们发展。

中国大部分企业实施的考核基本只考核前两项。而后两项，恰恰最为重要，却被很多企业忽视了。没有创新，企业没有发展动力；没有员工的成长，企业也不会实现真正意义上的成长。

## （五）工作专业

技术部经理，技术上是高手；财务部经理，财务管理上是高手；销售部经理，销售业绩上优秀。很难想象，一个业务上不怎么精通，销售业绩平平的销售经理，能管好他的业务员。所以每一个部门经理都应该努力成为本领域本公司的专家。

## （六）部属表率

中层干部应该是各个岗位上的优秀分子，其为人处事都应该是部属的楷模，做事用心专业，执行力强，是爱岗敬业的标杆。为人则要做到公私分明，公正公平，感恩不抱怨。这些以身作则的行为，都可以成为员工的表率，团队的领头雁。

杭州某造纸企业生产部经理在纸机安装调试的关键时期，吃住都在厂里，每天只休息 3 个多小时，连续 7 天时间都没有回过家。在他的带领下，各车间主任、班长都坚守岗位，默默奉献。最终比原计划开机时间提前 10 天，此举为公司创造效益 200 多万元。可以这样说，没有生产部经理的这种爱岗敬业精神，绝对不可能有生产团队如此默契的配合，也不会创造如此傲人的效益。

## （七）管理情绪

宁波某机械加工企业技术总监在批评品管部经理"你的首件到底检测了没有？"

"因为以前做过，所以车间质检就忘了检测。"品管部经理小声答道。

"忘了？忘了？"技术总监用手拍着办公桌，怒不可遏，"你怎么不忘了吃饭？你怎么不忘了睡觉？你平时都在管些什么东西？"

"对不起！"

"对不起有个屁用！现在造成这么一大批产品质量问题，你处理得了？！"技术总监瞥了品管部经理一眼，阴阳怪气地说，"我现在很怀疑，当初面试时，你说你在深圳工厂做过品管经理是不是真的……"

中层干部批评员工时，一定要管理好自己的消极情绪，要对事不对人，就事论事，不能口无遮拦，什么话都敢说。奉劝各位干部，批评员工可以，侮辱人格绝不可以。本案例中，对于已经发生的质量事故，技术总监了解原因后，可以提出适当批评。但拍桌子、阴阳怪气地侮辱人，就是不能控制自己情绪的表现。那些想发火就发火，想说什么就说什么的人，绝对不是什么个性直率，而是低情商，不成熟，甚至是幼稚的表现。

不良的情绪，影响自身形象，也影响自身效率。论语中有"修己安人"一词。如果用在情绪管理上，就是要控制好自我情绪，才能让对方情绪安稳。所以，中高层干部都要成为情绪管理的专家和主人，不能成为情绪的奴隶。

## （八）拥有魄力

所谓魄力，就是对自己处理的问题，在公正公平，无私心的前提下，敢于拍板、敢于承担责任。

萧山某镀锌公司销售经理下午 3 点接到客户电话，要马上发一批货到临安，他立刻打电话给物流部，物流部经理说："公司货车全部出去了，即使回来也很晚，肯定赶不及。要叫货车的话，现在只能叫外面的调度车辆。"销售经理表示同意。不一会，物流部电话回复销售经理："外面的调度车辆有空，但这么晚运输需要另外加价 400 元。"

销售经理马上打电话请示销售副总，但销售副总手机关机，一时无其他联系方法。于是销售经理给销售副总发了一个短信，说明事情原委。随后，他又打电话给物流部："可以的，就这样决定了。你让外调货车驾驶员马上过来装货。务必准时安全准时送到。"

物流部经理好心提醒销售经理："那多出的 400 元，你跟销售副总打了招呼吗？"

"没问题的，我发短信给他了。即使他不同意报销，我自己来出好了。"销售经理自信满满地说。

企业管理过程中，我们干部难免遇到紧急事件，但如果按照平常的流程和规范，请示这个、汇报那个，容易耽误事情影响效率。只要出于公心，及时拍板定夺也是有魄力的一种体现。

某老装配工在车间里玩手机，被新聘的生产部经理发现后，予以警告处罚。老装配工不服，对着生产部经理拍桌子，态度恶劣。于是生产部经理贴出告示直接给予该员工开除处理。

这名老装配工在公司具有老资格，是技术能手，连年获得优秀员工奖励，还有·点很重要，这名员工是老板娘的表哥。要知道，以前，这个人是没人敢惹的。谁知道碰倒一个不怕死的呢？

这件事一下子就在公司炸开了锅，老板找来生产部经理，说："这名装配工与你顶撞确实不对，他就是这个脾气，你不要与他一般见识。何况他技术很好，也是生产需要的。你看可不可以不要开除他，让他在家里休息一周再回来上班。你放心，我会让他向你道歉的。"

生产部经理说："老板，我觉得他态度非常恶劣，生产部这样的老油条很多，不处理绝对不行。我并不是公报私仇，没有一个服从的团队，生产质量、效益、现场绝对不会有大的改善。我绝对不允许我的团队里有人卖老资格。对不起老板，我的团队不能要这样的员工。如果你叫他回来，我就离开。这是我的底线。"

无奈，老板只能接受生产部经理的决定。

如今公司的产量、品质、现场管理、安全，都是行业的标杆。为什么有时候我们有这样的魄力？因为，我们有自己的原则底线，也有叫板的底气。这就是亮剑精神。

## （九）言路畅通

言路畅通，可以让领导及时了解下面的真实信息，也是领导有胸怀的一种体现。所以说，智慧经理的大门，永远向下属敞开着。智慧经理的心扉，也向下属敞开着。

言路畅通的方式很多，有下属的合理化建议，有单独面对面的谈心，有座谈会或脑力激荡、有部门聚会等。

技术部经理将某技术员叫到会议室。技术经理说："林工，你有在日本公司的工作经验，我想听听你对于我们公司技术下单流程的看法。"

技术员说："我刚来，可能还不是很了解。也谈不出什么。"

技术经理说："你就不要谦虚了呀。我们一直想优化流程，这方面你的经验肯定比我们多很多，所以，你的意见对我们很重要。总经理特别交代，要听听你的建议。"

技术员说："那好吧，我就谈谈我不成熟的看法。但是有言在先，说错了不能怪我。"

技术经理笑着说："哪能呢，哪能呢。"……

正是因为这一次会谈，促使公司将运作20年的组织架构做了彻底的优化，技术部、生产部、销售部工作效率明显提升，差错率大幅度减少。

## （十）不恋权力

其实，权力越大，责任越大。过分迷恋权力，心胸渐渐狭窄，脚下的路也必然越走越窄。

权力分为两个部分：硬权力和软权力。硬权力就是组织赋予你的奖罚权、报酬权、选择权等可以强制实施的权力。软权力就是指你的典范权、专家权，这是你的专业能力和人格魅力。我们对于权力的使用原则：少用硬权力，多用软权力；先用软权力，后用硬权利；必要时，看实际情况搭配使用。

除了以上十点外，还有一点很重要，就是给予员工的及时帮助和兑现承诺。答应下属的事，就要遵守承诺，经常失信，下属只能当你的话是放屁了。

中组部领导干部考试与测评中心特聘专家苏永华博士在其博客《中层干部是否具备高管的潜力？》中指出，一个人是否具有高管潜力，要从六个方面进行判断：

（1）看一个管理者是否具有坚定的目标和信念。

信念坚定是指管理者的价值理念和目标追求与组织保持一致，凡事以是否有利于组织整体目标的达成作为判断决策的原则。作为一个管理者，最基本的要求是要有目标追求，真正从内心里认为自己做的事情是有意义的、正确的，并相信这个目标是能够实现的。信念的力量是无敌的。一个信念坚定的人，是没有什么能够阻挡他前进的，他会想尽各种办法去战胜前进中的艰难困苦，达成目标。相反，一个没有信念、没有目标的人，很容易左右摇摆。一个信念坚定的人，能够抵挡各种诱惑，始终维护组织的利益。而信念不坚定的人则很容易被利益所诱惑，做出背叛组织的行为。

（2）看一个管理者是否在关键时刻敢于担当。

为何敢于担当对一个管理者如此重要呢？因为任何一个组织的发展都不可能是一帆风顺的， 定会经历很多困难、失败和挫折，越伟大的组织越是如此。发展过程中组织或团队有时候会出现命悬一线的关键时刻，这时候能够挺身而出，敢于牺牲自己的利益，勇担责任，带领大家共渡难关的人，才能担任关键的领导岗位。那种在困难时刻还跟组织讨价还价，推脱责任，甚至退缩逃避的人都不能做高管。这是干部的选拔和任用中的"底线思维"，确保任用的管理者在关键时候不掉链子。

（3）看一个管理者是否具有成就他人的宽广胸怀。

在现实中，有很多走上管理岗位的人忘记了这个最基本的道理，他们太渴望个人的成功，并急于取得成绩让大家认可，个人英雄主义思想严重，嫉妒他人（下属、同事）取得的成就，他人的成功让他不高兴，并想法为他人成功设置障碍。还有一些管理者，见好处就上，见困难就让，既争名又争利。这样的管理者一定得不到员工的认同和尊重，失去民心，最终就是一个孤独的失败者。

真正的优秀管理者，他们都乐于分享自己的成功经验，会为他人取得的进步和成就而发自内心地感到高兴，主动为他人发展提供机会、指导和帮助，乃至于在必要的情况下牺牲自己的机会，为更有发展潜力的人员或更需要发展的人员成长和发展提供发展的机会，并给予积极的、一贯的支持。

（4）看一个管理者是否是一个务实肯干的人。

实干精神就是务实肯干。所谓务实，就要从实际出发思考问题，实事求是，尊重规律和科学，追求可以实现的目标，不搞"表面文章""形象工程"和"面子工程"。所谓肯干，就是指想做事，肯做事，爱做事，不偷懒，不耍滑头，不是高高在上、指手画脚，而是深入员工中间，了解情况，听取意见，共同解决问题。

（5）看一个管理者是否具有诚信的品质。

我们可以把诚信分为诚实和守信两个概念，对管理者来说，诚实有两个要求，第一是要实事求是，尊重事实和规律，忠实于自己的良知。第二是对人要真诚，不欺诈，以诚待人。守信也有两层意思，第一是遵守规则和制度，讲规矩，守纪律。第二是重信誉，把个人和组织的信誉看得比财富、权力和生命更重，不惜一切维护个人和组织的信誉形象。

（6）看一个管理者是否具有公平心和正义感。

追求公平公正是人的本性。管理者有各种各样的下属，他们在能力、素质、性格和家庭背景方面有很大差异，要带领下属实现共同的目标，就要让大家协力。如果没有公正的价值观，凭个人偏好、主观意愿、朋友情谊、亲疏远近来管理团队，很容易造成不公平感，一定会把团队搞乱。公正包括公平和正义两方面的含义。具有公平价值观的人，为人处事有鲜明的原则，不模糊，不偏袒，力求公平公正。具有正义感的人，遇到错误的、有损组织利益的、不公平的事情，敢于进行斗争，主持公道，维护和伸张正义。一个管理者只有做事有原则，处事公平，有正义感，才能够让员工口服心服，并因为他的公平正直而获得人们的敬重。

## 三、授权

### （一）授权的目的

教会别人，解放自己。

### （二）授权的好处

（1）使你有更多的时间去进行更重要的工作。

（2）缓解工作中的压力。人在中等压力下工作绩效更佳。

（3）有时间发展新技能，有利于自我发展。

（4）培养下属及团队的技能，进而提高部门业绩，更快达成部门目标。

（5）提高下属士气，增强信心，为团队合作注入活力。

（6）使中级主管从繁忙的事务性、例行性工作中解放出来。

（7）使部门各位下属工作职责分明、权限清晰。

（8）有利于选拔和培养接班人，培养得力的助手。

### （三）授权的概念

授权（empowerment）是领导者通过为员工和下属提供更多的自主权，以达到组织目标的过程。授权是领导者智慧和能力的扩展和延伸，必须遵循客观规律和原则，授权过程是科学化和艺术化的过程。

### （四）有效授权

**1. 确定授权的对象**

确定授权给某个员工时，必须先了解这个员工的职业能力倾向、业务能力、品质、性格的优点和缺陷、价值观以及个人需求层次。

比如：某公司销售内勤有两人，其中小王比较内向，人细心，稳重，条理性好；

小张比较外向，人热情，粗心，好学。所以在安排销售内勤的岗位上，各有所偏重。小王适合资料整理、统计、下单、客户合同管理、标书制作等工作；小张适合与客户沟通、销售员联络、处理客户投诉、接待客户等工作。

为什么在授权时要考虑个人的需求层次呢？我们都知道马斯洛的需求层次，那我们就从《西游记》唐僧团队中来解读这五个需求层次。猪八戒是生理需求，沙僧是安全需求，白龙马是归属需求，唐僧、孙悟空是实现自我价值需求。所以唐僧在授权时，针对个人不同需求和能力，授予了不同的分工和职能。孙悟空本事大，负责整个团队的人身安全，猪八戒负责团队食品供给，沙僧负责团队其他后勤，白龙马负责驾驶。

**2. 确定该岗位的职责、能力要求和权限**

每个员工任职前，主管必须给他（她）一份细致培训本岗位的职位说明书，厘清职责和权限，分析该岗位的能力要求，明确员工与要求的距离。

**3. 制订员工职业生涯规划或相关培训计划**

如果员工在同一个岗位上服务 3 年以上，工作内容没变动、职位没有晋升、薪酬没有调整，职业倦怠症就会显现。比如某公司销售服务部有 7 个内勤人员，1 个主管，只要主管不走，7 个内勤基本上没啥晋升的机会，即使晋升，也只能晋升 1 名。所以我们很多老员工就碰到了职业生涯的天花板效应。

所以，企业当务之急，要建立员工职业生涯发展通道。一般我们有 3 个晋升通道：管理通道、技术通道、业务通道。

普通一线管理人员晋升通道既可以分为助理管理人员、管理人员、主任管理人员，也可以分为普通管理人员、助理经理、经理、副总经理等。优秀的主任管理人员，虽然岗位仍然是一线管理人员，但其薪酬水平已经远远高于一般管理人员了。生产工人晋升通道可以分为普通工、技工、技师、高级技师四层职业发展，不同的层次对应不同的技能资格要求和薪酬。

**4. 逐步授权**

实施了职业生涯规划管理后，员工在什么岗位，需要什么匹配的技能，与岗位理想技能之间的差距，也就明晰了。既然能力有大小，授权就要根据员工实际情况逐步实现放权。而不是一股脑的将权力马上就放给该岗位的员工，这是对自己的不负责，更是对该岗位员工的不负责。而是应该逐步放权，让其慢慢适应，接受锻炼，养成习惯。

某国际公司在对新职员放权中，分成四个阶段：试用阶段（4个月），实施初级放权；考核合格后，进入锻炼阶段（4个月），实施中度放权；考核合格后，进入提高阶段（4个月），实施重度放权；全面放权，则在1年之后。

杭州某电子企业招聘生产副总经理，试用期间，公司将生产副总下放到某车间实习，让其先优化一个车间的管理，以观察其职业能力和职业态度。如果试用期优秀，就可以正常履行生产副总经理职务。这样的安排就是一个逐步授权。

**5. 跟踪修复**

授权时，要保证所授权力能受到监督，不至于失控。中层干部在对下授权时，要对被授权者的工作进行检查，对偏离目标的行为要及时进行引导和纠正。对不能胜任工作的下属要及时更换。对滥用职权，严重违法乱纪者，要及时收回权力，并予以严厉惩处。对由于客观原因而造成工作无法按时进展的，必须进行适当协助。

# 四、有效提升领导力的 12 种方法

## （一）专业，让员工崇拜

别人解决不了的问题，你能解决，员工就认为你牛。这种对能力的崇拜，是真心实意的。

杭州某企业新任电仪主管发现车间烘箱耗电量较高，在深入研究后，就向生产部提出对烘箱进行改造的计划。生产部经理借口生产任务忙，没有同意，其实他是看不上改造方案。后来生产总监知道后，认为改造方案可行，予以批准。车间烘箱经过改造后，每天可为公司省下电费1000多元。电仪班的员工、生产部经理、总监都对电仪主管竖起大拇指点赞。原来自以为是的生产部经理，现在也对电仪主管客气不少。

## （二）人格魅力，让员工追随

管理者身上散发的人格魅力光辉，比如爱岗敬业、无私奉献、乐于助人、胸怀宽广、良好修养、诚信等，让员工不自觉地想靠拢、追随。

李嘉诚在总结他多年的管理经验时说："如果你想做团队的老板，简单得多，你的权力主要来自地位，这可来自上天的缘分或凭仗你的努力和专业知识；如果你想做团队的领袖，则较为复杂，你的力量源自人格的魅力和号召力。"

马云是很多企业家和年轻人的偶像，也是创业者的偶像。我们来看看马云第一次创业——杭州首家翻译社的故事。

马云说，当时之所以要办翻译社，主要是基于3个方面的考虑：

当时杭州很多的外贸公司，需要大量专职或兼职的外语翻译人才；他自己这方面的订单太多，实在忙不过来；当时杭州还没有一家专业的翻译机构。

很多人总是有想法却很少会有行动，但是马云一有想法马上就会行动。当时是1992年，28岁的马云是杭州电子工业学院的教师，每个月的工资还不到100元。但没钱不是问题，他找了几个合作伙伴一起创业，风风火火地把杭州第一家专业的翻译机构成立起来了。

创业开始，也是举步维艰。第一个月，翻译社的全部收入才700元，而房租就要2400元。好心的朋友劝马云别瞎折腾了，合作伙伴的信心也动摇了，但马云却没有想过放弃。为了维持生存，马云开始贩卖内衣、礼品、医药等小商品，自己四处跑推销，吃了很多苦头。

整整3年，翻译社就靠着马云推销这些杂货来维持生存。1995年，翻译社开始实现盈利。现在，海博翻译社已经成为杭州最大的专业翻译机构。

敢想敢干，能干干成，这就是大家佩服的人格魅力。

## （三）以身作则，身教重于言教

以身作则的领导，能成为员工的表率，给下属树立良好的榜样和标杆。这比一万次说教都管用得多。

我国著名教育家张伯苓，1919年之后相继创办南开大学、南开女中、南开小学。他十分注意对学生进行文明礼貌教育，并且身体力行，为人师表。

一次，他发现有个学生手指被烟熏黄了，便严肃地劝告那个学生："烟对身体有害，要戒掉它。"没想到那个学生有点不服气，俏皮地说："那您吸烟就对身体没有害处吗？"张伯苓对于学生的责难，歉意地笑了笑，立即唤工友将自己所有的烟全部取来，当众销毁，还折断了自己用了多年的心爱的烟袋杆，诚恳地说："从此以后，我与诸同学共同戒烟。"果然，打那以后，他再也不吸烟了。

有时，对员工一万次说教，不如领导一次的亲自示范。

## （四）勇挑重担，敢于担当

遇到困难，总是与员工站在第一线，而不是逃避；遇到问题，敢于担责任，而不是扯皮推卸。这样具有强烈责任心的领导，员工衷心拥护。

2002 年中国 SARS 爆发。当致命的疫病袭来时，67 岁的钟南山毅然挑起重担，站到了抗击病魔的第一线。在最困难的时候，他一连 38 小时没合过眼。当全世界谈"非"色变时，他的声音成了定海神针。

## （五）难得糊涂，精明能干

看问题，往往一针见血；检查工作，往往周详老练；不稀里糊涂，不模棱两可。这样的领导，员工又敬又畏。

招聘专员向人力资源经理汇报工作："经理，油漆工的岗位招聘 1 个月，一直空缺着。现在招人真难。想了好多办法也没有什么效果，而且我们公司位置也比较偏……"

"好了，不要再说了。"人力资源经理打断了专员的抱怨："你说，你想了很多办法？那你告诉我，你在什么渠道发布招聘信息的？"

"市人才网。"专员答道。

"有其他渠道吗？"经理问。

"没有，没找其他渠道……"专员开始意识到有什么不妥了。

"你觉得油漆工会登录市人才网吗？"经理厉声责问。

专员羞愧地低下了头。

## （六）坦诚，让员工宽容

领导者自己也有不会的知识，也有处理不了的问题，也会犯错误。这个时候，硬撑，倒会让下属看不起。虚心讨教、不耻下问、承认错误才是智慧的选择。领导广开言路，接受不同意见，甚至是批评，这不会损坏你在员工心目中的形象，反而为领导形象添彩。

我们都学过《将相和》，赵国大将军廉颇负荆请罪的故事人所皆知。廉颇知错就改，蔺相如坦诚相待，将相精诚团结，才能傲立于天下。有不少公司都存在将相不合的现象，他们相互指责、相互倾轧。很多时候，需要老大亲自出面才能摆平，就像两个不懂事的小孩吵架，需要父母调停，才能平息。中高层干部这样的作为实在是让人脸红。

### （七）人文关怀，让员工感动

没有下属会喜欢一个经常板着面孔、冷若冰霜、没有人情味的领导者，发自内心的关怀言行，往往让员工温暖、感动。

古代有位老禅师，晚上在禅院里散步，看见院墙边有一张椅子，他立即明白了有位出家人违反寺规翻墙出去了。老禅师也不声张，静静地走到墙边，移开椅子，就地蹲下。不到半个时辰，果真听到墙外一阵响动。少顷，一位小和尚翻墙而入，黑暗中踩着老禅师的背脊跳进了院子。当他双脚着地时，才发觉刚才自己踏上的不是椅子，而是自己的师傅。小和尚顿时惊慌失措，张口结舌，只得站在原地，等待师傅的责备和处罚。

出乎小和尚意料的是，师傅并没有厉声责备他，只是以很平静的语调说："夜深天凉，快去多穿一件衣服吧。"

小和尚感动万分。从此，规规矩矩，潜心向佛。

### （八）善于激励，让员工绩效倍增

领导者组织行为的目的只有一个，就是提高组织的绩效。领导者用远景、信仰、目标、激情、薪酬、职位、能力拓展、制度等正激励和负激励的方法，让员工跟着领导者的指挥棒行进，可以有效地提升员工工作绩效。

这里要讨论一下，是不是员工违规，一定要罚款呢？罚款这种负激励，很有效吗？网络上流传甚广的《德国上司对员工迟到罚款的反应》一文介绍了一家德企老板邓飞克处理员工迟到的态度和办法。他反对人事部门简单用扣奖金的方法惩罚迟到员工，并做如下建议：

（1）员工初次迟到，由他的部门主管和他谈话，了解迟到原因，如果是可以理解的客观原因而非员工主观愿意，那么，请他计算出从他的家到公司至少需要的路程时间，包括那些可能导致他发生迟到的情形在内，确保不再发生迟到。

（2）员工再次迟到，由分管部门的经理与他谈话，再听其陈述理由。若属借口，应严肃指出已经不存在可迟到的因素。若属意外，可给予善意提醒。

（3）员工第三次迟到。由人事部经理与他谈话，指出他的行为已经违约，给予口头警告。

（4）员工第四次迟到。由分部总经理与他谈话，给予最后一次改正机会，并通知他没有机会再一次迟到。

（5）员工第五次迟到。表示已经无可救药，直接到人事部门，解除雇用合约。

大部分在中国投资的欧美企业，没有对员工实施罚款的制度。笔者曾经问过英国上司是何原因。他说："欧洲各国的法律不允许企业这样做；员工犯错，绝大部分是无意犯错，对无意犯错实施罚款是不人道的；如果员工犯错，你对他进行罚款，他就以为自己的错误行为自己已经埋单了，跟公司两不相欠。不如不罚，反而让他有内疚感。"

## （九）营造团队文化，让员工在合作中激发力量

团队中的共同面对，相互协作，是组织凝聚力的体现。好的团队，可以激发集体的智慧和力量，弥补领导者的能力不足，也可以减少员工工作中的差错率。

所以中国的企业要深入思考团队到底是什么？如果没有共同的利益、责任、目标驱使，怎么能凝聚成团队呢？

## （十）用心培养，让员工成长

培养人才，最需要的是领导者的胸怀和用心。秉持教会别人、饿死自己理念的领导者，肯定不会教员工多少技能，即使教了，也是应付。

## （十一）敢于说不，让员工敬畏

对无理取闹、突破底线和原则的员工，要坚决说不，及时惩罚，不管他有多大的才能，有多大的背景，有多大的功劳。否则会失去权威。

## （十二）上级支持，增加砝码

如果总经理特别支持，或者说是宠爱某个部门经理，部门里的员工，一般迫于背景后台，也不敢造次。当然领导的这种支持，是因为你的能力，而不是其他歪门邪道。

怎么获取上级的支持呢？除了工作业绩突出外，还有一个方面要引起我们的注意，那就是与上级的及时沟通。只有与上司沟通通畅，理念高度一致，才能真正获得上司的信任。但实际上，我们很多干部，上司不主动找他，他是不愿意主动找上司的。为什么会出现这种状况呢？有人说，这是他们不愿意打扰上司。笔者以为，真实的原因是心虚，不愿意面对上司。如果上司每天发钱，你看他去不去？

一位著名企业家在做报告，一位听众问："您在事业上取得了巨大的成功，请问，对您来说，最重要的是什么？"

企业家没有直接回答这个问题，他拿起粉笔在黑板上画了一个圈，只是没有画完整，留下一个缺口。他反问道："这是什么？"

"零。""未完成的事业。""成功。"……台下的听众七嘴八舌地答道。

他对这些回答不置可否："其实，这只是一个未画完整的句号。你们问我为什么会取得辉煌的业绩，道理很简单——我不会把事情做得很圆满，就像画个句号，一定要留个缺口，让我的下属去填满它。"

留个缺口给别人，并不是说明自己的能力不强。实际上，这是一种管理的智慧，是一种更高层次带有全局性的圆满。给猴子一棵树，让它不停地攀登；给老虎一座山，让它自由生活。这也许就是管理者领导力的最高境界。

# 第五节　核心管理技能五——会议管理能力

开会本身有很多益处，比如：开展有效的沟通、传达资讯、监督员工、协调矛盾、达成协议与解决问题、资源共享、开发创意、激励士气、巩固领导地位等。可以这样说，现代企业管理离不开会议。但一旦会议开不好，就形成了资源浪费，变成工作的累赘。

企业的会议种类繁多，按照时间来分，有年度会议、月度例会、周例会、临时碰头会等；按照参加人员来分，有全体员工大会、部门例会、中高层干部例会、生产质量分析会、销售季度会议等。这里笔者想重点讲三个会议：中层干部周例会、碰头会、班前会。

## 一、如何开好中层干部周例会

### （一）常见的问题

会议纪律差，迟到、手机响、随意打电话等情况突出。

会议开的时间过长，有的甚至超过3个小时。

会议没有准备。

总经理讲得太多。

会议没有形成决议。

会议纪要没有跟踪。

### （二）针对以上问题，提供解决方法

**1. 会议纪律**

会场出现纪律问题，本质上是会议最高领导层的放纵和忽视，是一种不作为，有的就是一种管理无能的体现。如果中层干部纪律涣散，可想而知，基层队伍会乱成什么程度。所以，严肃纪律是当务之急，甚至比开会本身还重要。如果纪律都管不住，这个会议也没有开的必要。

**2. 会议时间**

一般中层干部周例会，无非是总结上周工作，汇报本周计划，以及需要协调的事宜。如果准备妥当的话，每个人发言 5 分钟完全足够了，会议总体时间最好不要超过 1.5 小时。如何控制个人发言时间呢？大家可以制定一个规则，比如，主持人可以放一个闹钟，到点就宣布谁的发言结束，不再听他赘述。尝试 4～5 次，基本可以养成习惯。

**3. 总经理或副总一言堂**

有的领导化身牧师和故事大王，喜欢在会议上跟员工讲故事或讲道理，一讲就是一个小时。偶尔讲讲，员工觉得新鲜，但每周都来这么一出，效果很有限，甚至会引起员工的反感。领导的权威，不在于口才，在于执行。坐着说得万般好，不如起身一步行。所以领导的发言，不在于多，恰当就好。一般最好控制在 30 分钟左右，抓住工作的核心，少讲废话。

**4. 会议决议和跟踪**

会议上的问题、方案、指示、任务等，要形成决议，否则就会落入"说过就是做过"的陷阱。决议形成后，要有人跟踪，否则就会落入"决议不跟踪，到头一场空"的陷阱。

## 二、如何开好碰头会

碰头会，一般分为两种：临时性碰头会，比如就某紧急事件召开的会议；例会性质的碰头会，比如每天生产质量碰头会。这里着重讲例会性质的碰头会。

例会性质的碰头会，参加人不应过多，最好不要超过 8 人，3～5 人为佳。参会的人员，主要是主管或经理。比如，产品质量碰头例会，无非是与产品质量相关的部门，如各生产车间主任、生产部经理、质检部门经理或技术部门经理等。

会议时间不要太长，最好不要超过 30 分钟，以 20 分钟为佳。这种例会，地点可以在召集人的办公室，不一定非要在大的会议室。有些为了提高效率，直接站立开会。

例会性质的碰头会，主要是快速沟通讯息，快速解决问题。所以在这种会议上，任何长篇累牍的讲话，都是要不得的。

# 三、怎样开好班前会

## （一）班前会的重要性

（1）班前会是企业基层管理的重要组成部分，是班组长（或车间主任）向员工传达上级意见、布置工作任务、检讨工作绩效的最重要途径之一。

（2）班组长（或车间主任）可以通过主持班前会来培养做领导的风范和气质，锻炼自己的组织和领导才能。

（3）可以借此向员工宣导企业的文化理念和管理思想，带动部门气氛，提供良好的沟通氛围。

（4）生产人员通过参与班前会，可以培养良好的工作习惯，适应公司氛围，改变不良行为，使自己陈旧观念和思想得以有效更新。

## （二）班前会主要内容

### 1. 检查员工仪表着装、精神面貌

（1）检查工作服穿着是否规范；

（2）检查工作鞋、手套、安全帽穿戴是否规范；

（3）检查头发长度是否符合安全规范；

（4）检查员工精神面貌是否正常。

### 2. 总结昨天生产情况

（1）完成多少产量；

（2）产品品质状况；

（3）安全生产状况；

（4）现场 5S 状况；

（5）好人好事；

（6）其他所存在的问题及改进的方法。

**3. 安排今日当班工作**

（1）下达今日任务指标；

（2）今日工作分工安排；

（3）提出品质要求；

（4）强调工作控制要点。

**4. 传达或学习公司领导指令**

（1）宣导或重申厂纪厂规；

（2）传达公司通知或决定；

（3）传达上级的工作指令；

（4）通报相关部门的反馈信息；

（5）学习相关知识。

**5. 听取并解答员工的建议与意见**

（1）让员工主动提问；

（2）现场回答员工疑问。

## （三）班前会的时间安排

（1）队形整理、检查，约 1 分钟。

（2）总结，约 3 分钟。

（3）任务下达，约 3 分钟。

（4）问题解答，约 3 分钟。

## （四）班前会主持技巧

（1）队列整齐——站着开。

（2）长话短说——备好会。

（3）数字事实——服群众。

（4）激发智慧——多询问。

（5）表扬先进——重激励。

（6）批评不良——明是非。

（7）力避扯皮——会后理。

开会是管理工作的一种重要方法。会议开好了，贯彻落实抓好了，管理工作就成功了一半。

# 第六节　核心管理技能六——绩效管理能力

## 一、绩效管理认知

什么是绩效管理呢？

绩效管理是指管理者与员工双方就目标及如何实现目标而达成共识，并协助员工成功达成目标的管理方法。

绩效管理不是简单的任务管理，它特别强调沟通、辅导及员工能力的提高；绩效管理不仅强调结果导向，而且重视达成目标，促进员工实现工作目标和个人和谐发展的过程。

我们来分析一下绩效管理的定义：

（1）绩效管理首先要双方沟通，达成共识，即双方都愿意遵守约定。

（1）绩效管理要有努力达成的目标。

（1）协助员工成功达成目标。

企业绩效管理中常见的四个问题：

## （一）绩效管理就是绩效考核

绩效管理包含四个内容：绩效计划、绩效执行（辅导）、绩效考核（检查）、绩效反馈（结果改进）。绩效考核只是绩效管理的一个环节。这也是绩效考核之所以在企业实施效果不佳的主要原因。

### （二）绩效管理被认为只是人力资源部门的工作，其他部门各级管理者只承担打分、统计责任

其实，绩效管理能力是每一个部门负责人都应该具备的能力。你不能辅导员工达成目标绩效，你的领导力、沟通能力、组织协调能力、解决问题的能力等，如何体现呢？

### （三）绩效管理，少了绩效辅导

绩效管理的真正目的，是协助员工达成绩效，而不是仅仅通过绩效考核，调节员工工资。如若仅此就大错特错了。

### （四）绩效管理者的目标设定，无法按实际运行

太过理想化而无法实现的目标，等于没有目标。

## 二、目标管理

绩效管理，其实就是管理者如何带领团队达成目标的管理。所以，要学绩效管理，必须先学目标管理，也就是 MBO（Management by Objective）。

在杭州一家造纸企业曾经做过这样的实验：将造纸车间甲乙丙三班中的乙班实施目标管理，制订了 4 个月内乙班需要达成的目标：断纸次数每月少于 8 次、成纸率大于 94%、合格品率大于 91%、员工违纪处罚次数每月不能超过 3 次等具体目标。每周进行统计，每周对于发生的问题，采取相应纠正措施。

经过乙班全体员工努力，4 个月后，各项指标都悉数达成。但没有实施目标管理的甲班和丙班呢？

甲班当月指标：断纸次数 13 次、成纸率 90%、合格品率 87%、员工违纪处罚次数为 7 次。丙班当月指标：断纸次数 15 次、成纸率 89.5%、合格品率 88%、员工违纪处罚次数为 11 次。

这就是管理出效益的鲜活案例。也是目标管理的胜利。

企业成功实施目标管理后，员工的思想和行为，一般与领导层比较统一。

企业制订目标时，必须符合 SMART 原则，这是目标管理成败的关键。

我们以小艾想成为一个贤惠的女人，来制定符合 SMART 原则的目标：

（1）S 即 Specific，代表具体的，指绩效考核要切中特定的工作指标，不能笼统。比如贤惠，就是一个笼统的词。我们可以分解成具体的三项主要指标：做菜、扫地、孝顺。

（2）M 即 Measurable，代表可度量的，指绩效指标是数量化或者结果化的，验证这些绩效指标的数据或者信息是可以获得的。我们再来细化小艾的指标，比如做菜：会做 3 道主菜，会烧 4 道汤，会烧 4 道小炒。扫地：每天扫 1 次地，每周拖地 1 次。孝顺：每周看望父母 1 次，每次带 100 元以上礼物，与父母顶嘴不能超过 1 次。

（3）A 即 Attainable，代表可实现的，指绩效指标在付出努力的情况下可以实现，避免设立过高或过低的目标。我们来看看哪些是可以实现的，哪些是很难实现的。比如做菜方面，由于才开始学习烧菜，菜的品种定得过多。可以减少至 2 道主菜，2 道汤，2 道小炒。扫地基本可以做到。另外，由于小艾工作忙，有时周末要加班。所以，每周看望父母 1 次不能保证。可以修改成每月 2 次，时间机动。其他均合理。

（4）R 即 Relevant，代表相关性，指实现此目标与其他目标的关联情况。比如小艾的贤惠三大指标——做菜、扫地、孝顺是不是相互有冲突。如果有冲突（如孝顺父母次数多了，会不会妨碍做菜的目标达成），就需要及时调整。

（5）T 即 Time-based，代表有时限，注重完成绩效指标的特定期限。比如小艾达成这样的目标时限为 6 个月。

## 三、绩效管理

典型的绩效考核表，考核表中含括考核项目、数据目标、考核办法。我们一般将这样的考核叫作KPI（Key Performance Indicator）考核，即关键业绩指标考核。在本考核表中，也有BSC（Balanced Score Card）即平衡计分卡的痕迹，但不管哪种考核，都离不开KPI。正如6S、7S、8S一样，都是5S基础上发展起来的。企业常用的也就是KPI考核。

那么KPI考核如何实施呢？我们不妨举个考核驾驶员的例子。

（1）要清楚影响企业驾驶员工作绩效的主要职责有哪些？

为客户提供满意的服务；车辆的及时保养和维修；按规定停车、出车；安全行车；油耗的成本控制。

（2）要设置KPI关键业绩指标：服务质量满意率100%；维修保养费用每年1.5万元；按规定出车停车100%；安全行车100%；百公里油耗不超过10升。

本设计考核中，有如下几项要引起注意：关键指标不要超过10项，否则抓不住重点。在关键项目中的权重，可以根据实际情况的重要性予以调整。比如上个季度客户对驾驶员服务投诉较多，我们就可以在服务满意度上增加权重，从20分增加至35分，其他分值则相应增减。每项考核的分数需设扣减最高分，不无限扣下去。维修保养费用是年度考核项目，不宜放在月度进行考核。

（3）在考核过程中，还有一项，也是与员工关系最密切的一项——考核薪酬。比如说，行政部经理年薪是12万元，月薪1万元，那考核薪酬是多少比较好呢？如果不考虑企业承诺的税前12万元，不考虑行业薪酬的竞争力、不考虑企业内部薪酬的公平性，考核薪酬一般不超过月薪的30%。

实际上，对于一家想实施绩效考核的企业，考核薪酬常见的做法如下：

（1）如果员工薪酬处于行业或地区中位，企业拿出薪酬的10%，员工拿出15%，合计成考核薪酬。

（2）如果员工薪酬处于行业或地区高位，员工拿出薪酬的20%进行考核。

（3）如果员工薪酬处于行业或地区低位，企业拿出薪酬的10%～20%进行考核。

既然是绩效管理，除了目标和绩效考核，还有重要的一项，就是员工的辅导计划。很多企业只作绩效考评，但忽略了员工辅导计划，正是如此，使得绩效考核最终成为减薪的工具，因而员工对此怨声载道。如果部门经理给员工打分87分，他必须知道员工所丢失的13分的原因，对该名员工有针对性辅导，这样就会减少员工下次在此项目失分的概率，以而推动员工的成长。

# 参考文献

[1] 赵国华 . 中国兵学史 [M]. 福州 : 福建人民出版社 , 2004.

[2] 曾仕强 . 人性管理 [M]. 北京 : 东方出版社 , 2006.

[3] 朱永新 . 管理心智 [M]. 北京 : 经济管理出版社 , 2005.

[4] 徐勇 , 乔国华 , 余新忠 . 兵家文化面面观 [M]. 济南 : 齐鲁书社 , 2005.

[5] 申明 , 李剑 . 以人为本 [M]. 北京 : 企业管理出版社 , 2006.

[6] 宋延涛 . 经典处世谋略全鉴 [M]. 北京 : 地震出版社 , 2006.

[7] 陈东升 . 中国式管理的 32 个手段 [M]. 北京 : 中国致公出版社 , 2005.

[8] 单宝 . 最有效的员工管理 [M]. 北京 : 中国经济出版社 , 2005.

[9] 颜建军 , 胡泳 . 海尔中国造 [M]. 海口 : 海南出版社 , 2001.

[10] 赵文明 . 中外企业文化经典案例 [M]. 北京 : 企业管理出版社 , 2005.

[11] 许燕 , 柯琳娟 , 乔琦 . 管人有智慧 [M]. 北京 : 企业管理出版社 , 2005.

[12] 王元平 . 绝对中国制造的 58 个管理智慧 [M]. 北京 : 京华出版社 , 2004.

[13] 马志明 . 中国式用人的 69 个关键细节 [M]. 北京 : 地震出版社 , 2006.

[14] 褚玉兰 , 张大同 . 兵法精典新解 [M]. 济南 : 山东大学出版社 , 2005.

[15] 宫玉振 , 冯宪萍 , 张绍娥 . 黄石公三略与成功之道 [M]. 广州 : 广东经济出版社 , 2003.

[16] 徐翔 . 管理员工有手段 [M]. 北京 : 中国华侨出版社 , 2006.

[17] 陈东升 . 中国式管理的智源 [M]. 北京 : 企业管理出版社 , 2006.

[18] 凡禹 . 管理三杰 [M]. 北京 : 北京工业大学出版社 , 2005.

[19] 申明 . 中式领导力 [M]. 北京 : 企业管理出版社 , 2006.